2018 年東京馬拉松完賽獎牌與準菁英台灣第一面銅牌獎牌

東京馬賽道實況

在京都西京極綜合運動公園練跑

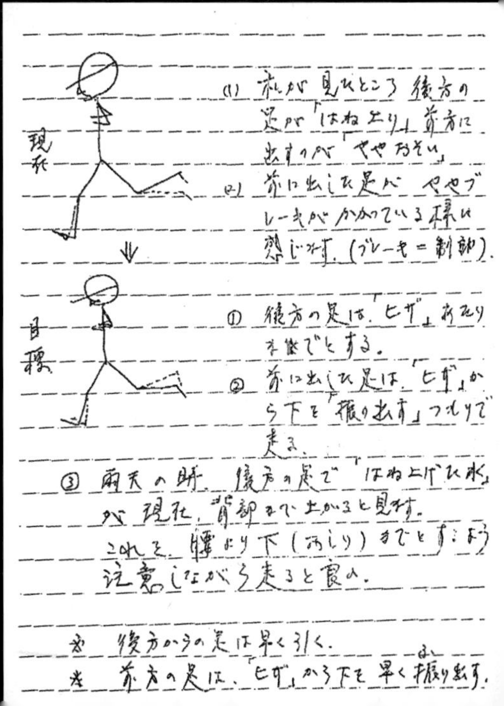

（右上）張叔叔年輕時英勇的跑姿
（左上）小學四年級參加第一場木柵動物園路跑賽
（右下）佐藤壽一教練的手繪稿
（左下）佐藤壽一教練與他最愛吃的羊肉串

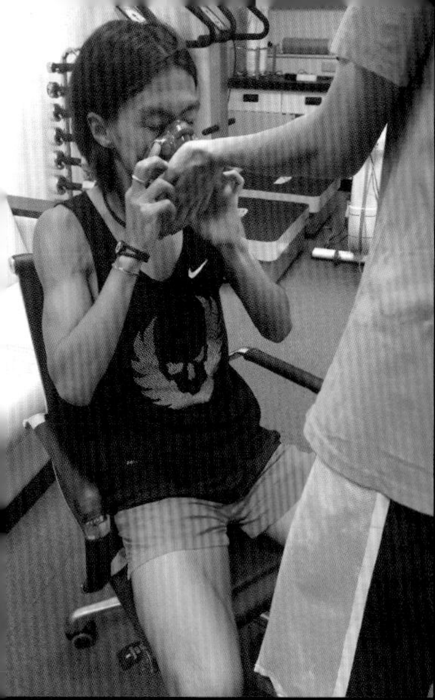

（右上）帶領台灣大學生參加 2016 年上尾半程馬拉松
（左上）在台北市立大學天母校區運動科學研究所做最大攝氧量測驗
（下）跟跑友大角在大雨下的訓練，我們幻想在六福村水上樂園裡玩樂。

（右上）平壤萬景台馬拉松準備起跑
（右下）血泡慘況
（左）平壤萬景台馬拉松文宣

在 2012 年倫敦奧運選手村

在 2010 年廣州亞運選手村餐廳

奧運開幕

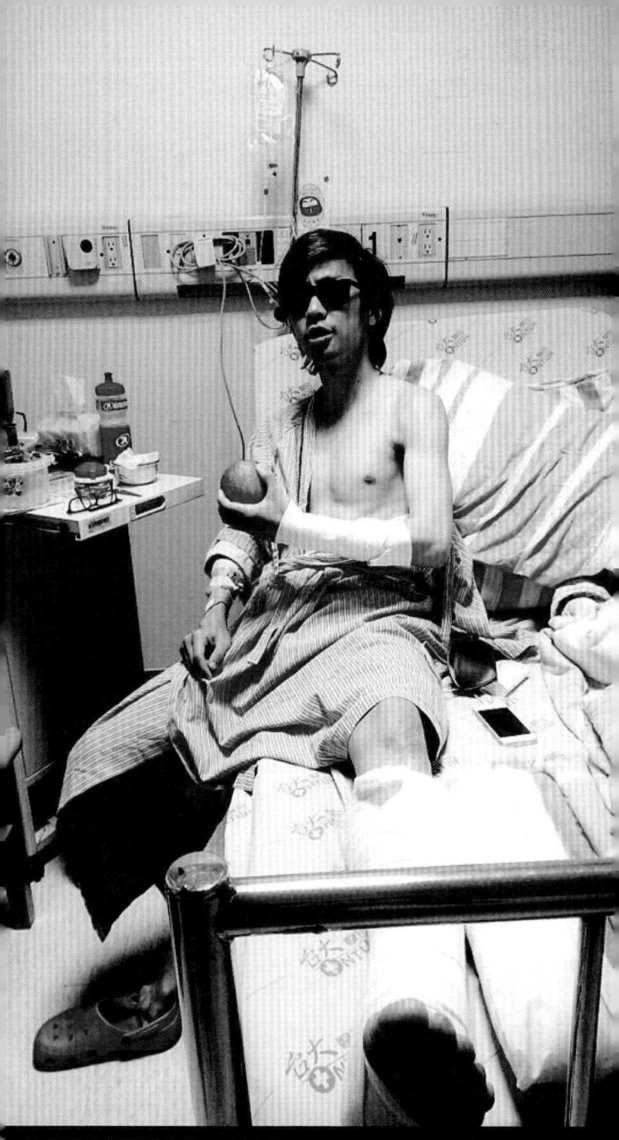

脛後肌肌腱斷裂後開刀住院

帥氣地跑在黃金海岸馬拉松

永不放棄的跑者魂

真男人的奧運馬拉松之路

張嘉哲——口述
陳禹志、果明珠——撰寫

目錄

推薦序

朽木不可雕！型夠潮、速可飆、引領風騷，足矣！

王冠翔／最速總經理
電通安吉斯集團 安納特（股）公司 總經理

真男人是個真蠢蛋

脛後肌腱跑斷，代表著倫敦奧運國手經歷已成往事！

但他不懂得好好安養、默默退出幕前成為約定俗成的體育三寶（一是老師、二是教練與裁判、三是體育相關產業），卻反倒跟醫生秘謀「接了條更粗更壯的脛後肌腱」！迎接而來的，想當然爾是無止盡的痛苦復健，然後繼續跑在不一定有明天的崎嶇道路上！像他這種嗜好，我這輩子沒聽過，**真蠢蛋啊**！

真男人是個真壞蛋

一個一九八三年次且資源有限的「老・年輕選手」，創立「真男人文創商行」成為一人公司董事長已很不合邏輯，再又創立LoveShoes.TW、Taiwan's Overseas Sports Helper（TOSH）等公益運動服務團體，提攜後進的同時半工半訓鞭策著自己的選手之路，顯然也是不太科學！

他的身先士卒讓那些滿手資源卻獨善其身的上流大員們左支右絀，他的以身作則讓那些僅需心無旁騖訓練的小・年輕人們相形見絀！走自己的路，他完全沒在理會什麼是噹噹噹噹噹噹！**真壞蛋啊！**

真男人是個真渾蛋

飽讀張叔叔的「四書三經」，他卻始終做不到忍氣吞聲。歷經體育界的「強風吹拂」，他卻永遠學不會相忍為國。

長髮蓄鬍、特立獨行、目空一切、挑戰權威！小小一個運動員竟意圖將台灣競技馬拉松商業化、國際化、偶像化、團隊化、系統化、年輕化！

獨樹一幟、花招百出，舉手投足間每每攪亂既有勢力一池春水！老・年輕人終究還是老．年輕人！**真渾蛋啊**！

真男人就是個 Outlier

我的工作總離不開數據行銷與統計推論，當閱讀完《永不放棄的跑者魂》後，我深深認為真男人根本就是統計學所描述的**離群值**（outlier）！經驗法則上，主事者直接將這礙眼的 outlier 排除會是最簡便的作法，但我們都知道，從這個時空要躍進到下個層次的馬拉松世界，這個 outlier 的存在是不可或缺的！

細細閱讀真男人二十多年來從青澀到成熟，與那些怯人的、惱人的、可人的訓練、比賽、學業與社會化持續碰撞著的跑步人生，沿途波折、起落、傷痛在所難免，但他始終保持著**「前台時成就自己；後台時成就後起」**的信念。無論外表或內心，他永遠都是那個希望一輩子跑步的年輕人！

只要有心，人人都是真男人

在這人人都是自媒體的年代，很開心還有真男人這麼個超級蠢蛋，願意為理想與信念「拋頭腦灑熱錢」，同時也慶幸著有像 RQ、森林跑站、史塔克運動科學團隊等真男人們，願意在運動行銷領域，冒險投注時間、金錢與資源。

當一般人心裡想著，先看到才願意相信，真男人們卻因為相信所以看到！

奇蹟不是一個人傻傻等待就會發生，奇蹟需要你我從身旁一點一滴改變做起，當我們相信了、支持了，奇蹟就會發生。

朽木再逢春

二〇一八年，真男人的2小時19分59秒完賽紀錄不但刷新台灣男子選手在東京馬拉松的最快完賽時間，同時也讓他成為國內第一位擁有九次跑進2小時20分紀錄的選手！我國歷年奧運馬拉松男子國手僅只五位，但跑斷腳筋後還能宣告「大師兄回來了」也就這麼單單一位。如同蘇乞兒般的大起大落情節完整架構出故事縱深，同時擁有最年輕與最年長的2小時20分全馬完賽紀錄，則強化了故事延展性，而老愛一秒達標的經典戲碼則再再突顯故事的戲劇性。但若曾親身參與貓空國手之路，你將明白這並非突如其來的奇人軼事，而是艱苦卓絕的真人實事，令人雀躍再三的是這朽木再逢春的精彩情事，仍未完待續……

「力挺這小子」早年不識真男人時，我作如是想！

「絕對要力挺這小子」後來識得真男人，我作如是想！

不論是捐贈世界六大馬分享會的所得、鼓勵自己跑團向真男人文創商行訂貨、投入更多在運動行銷的合作等，未來能親身參與真男人們的夢想將多到數不清。但百鳥在林不如一鳥在手，請大家跟我一起先從小處著手：

在桌前讀讀他．到馬拉松賽場堵堵他．點真男人文創商行渡渡他。

推薦序

他的步伐已經跨了出去

邱靖貽／昭昀律師事務所共同主持律師

你即將要讀的，是一位運動員用他的生命寫下的故事。

坦白說，在我自己還沒接觸跑步前，應該跟大多數人一樣，搞不太清楚「運動員」是怎麼一回事，大致上在我腦袋裡的模糊印象就是：要成為運動員很辛苦，但職業生涯卻很短暫的一群人。就算在我開始跑步後（但還沒變得像現在如此瘋狂熱衷），要是問我認識的田徑選手有誰？我叫得出名字的可能只有紀政女士吧。

第一次碰到張嘉哲是在森林跑站為《跑者之道》這本書所舉辦的分享會上，我記得他印了一疊關於台灣跑者參加日體大長距離紀錄會的傳單。那時，我知道他叫真男人，但不曉得這稱號怎麼來的；我知道他曾經代表台灣參加奧運，但我當年連馬拉松全長都說不完整；我知道他常常提到「意志力」，但沒想到這竟然讓他跑斷腳筋。後來，有幸和張嘉哲一起參加二〇一六年柏林馬拉松，才近身偷瞄到一點專業選手準備比賽的樣子；到「國手之道」朝聖練跑，才發現原來優美的跑姿真的會讓人看了著迷；加入真男人文創商行Line官方帳號，才感受到腦闆要同時維持生計、訓練、幫助基層運動員和推廣跑步文化，要多麼認真卻又多麼辛苦。這也就是為什麼張嘉哲目前所做的事情很重要。

我想大家應該記憶猶新，二〇一七年世大運在台北舉行，有數不清的觀眾買票進場為選手們加油，台北田徑場觀眾席上滿座的盛況，換來一場又一場奪牌、破紀錄的捷報。這也就說明了，為什麼在運動心理學中談到影響運動員心理因素時，「主場優勢」能提升運動員表現？其中一個原因就是運動員在主場比賽的時候，會受到比較多、比較熱情的觀眾歡呼，這不但鼓舞運動員的士氣，更讓運動員產生強烈企圖心去爭取勝利。但除了世大運所掀起的奇蹟般的浪潮，你曾經親自到場看過幾次田徑比賽或路跑賽？答案我們自己心裡有數。當沒有支持者，如同張嘉哲說的：「沒人看的比賽就只是跑，跑完拿了獎金就可以回家，對於賽事是沒有感情的，沒有感情也就不會有動力把這場比賽更深刻的記在腦海裡，更也沒有動力將這場比賽視為特殊的紀錄，想推得更遠、創造更好的佳績。」。看起來很落寞，但事實上就是如此。

張嘉哲真的很愛跑步，甚至愛到想要把跑步當飯吃，而且還要嘗試一種和別人不同的吃法。當然，他或許已經被質疑了一萬次：「跑步是要怎麼當飯吃？」只是，為什麼我們不會認為打籃球、打棒球、打高爾夫不能當飯吃？難道要成為田徑選手比較容易、付出的努力比較少，所以不夠格拿來當飯吃？我想不是。不過，當大部分人都產生同樣的疑問時，這也正顯示「把跑步當飯吃」確實會在現實生活中受到嚴酷考驗。固然跑步文化已經比以前盛行許多，但田徑選手的境遇是不是想當然爾也跟著變好？很遺憾，目前似乎還無法得出肯定的結論。在讓更多人對這項運動產生興趣之外，如何讓大家想要了解、進而支持運動員，不要一直只是跑那種沒人看的比賽？張嘉哲用行動去替這個問題找答案。

我所看到的張嘉哲，他不光是很帥、跑很快，他特別的地方在於——至少在我想像中，對田徑選手而言，最重要的事不就是把自己訓練好、專心致志於怎樣讓自己的成績提升——但張嘉哲卻還花了很多精力，去幫助其他人一起變強，他的眼光不是只看到自己，而是望向更遼闊的世界。

改變世界的方式有很多，但大多數人等著看別人改變世界。他已經邁開了步伐，**而你，是不是要跟上？**

推薦序

只要還有夢想，就會看見彩虹！

洪國智 教授／臺灣長跑競技網創辦人之一

初識嘉哲約莫是二〇一〇年，在那個Facebook、Twitter、IG還不普及的年代，台灣最火紅的社群媒體就是部落格了，「叫你們小姐來」是嘉哲的個人網誌，常常紀錄一些他個人的訓練、比賽心得，以及和張叔叔之間一些父子鬥嘴的故事。在那之前，會在網路上分享自己想法的國內一線競技選手並不多，所以他的部落格在國內長跑界算是人氣相當高；一篇記錄著他在二〇一〇年琵琶湖馬拉松中，以2小時18分54秒的一秒之差紀錄達標廣州亞運會的心得，吸引著我把他部落格中關於跑步的網誌逐一閱覽，也對這位想法很特別的選手有了更多的認識。

隨後在幾位長跑同好的交流互動之下，二〇一一年臺灣長跑競技網成立，二〇一二年倫敦奧運會的馬拉松達標之旅成為長跑競技網相當重要的討論話題。幾位國內好手紛紛前往海外參賽挑戰達標，歷經幾番波折之後，終於，嘉哲拿到五環聖殿的參賽資格，登上了運動員一輩子夢寐以求的天堂——奧林匹克運動會。

全國紀錄是田徑運動員生涯另一項最重要的指標，二〇一四年在許多長跑同好的鼓吹和運籌帷幄之下，嘉哲前往香川丸龜半馬挑戰全國封頂，結果卻鎩羽而歸。隨後在丹麥舉行的世界半馬賽遭逢脛後肌腱斷裂的傷勢，加上年紀漸長的因素，讓嘉哲的復健之路顯得遙遠而漫長，若想重返競技之路可說是困難重重。

當人一帆風順時，我們可以看到他得意時面對掌聲的性格表現，而當歷經風霜時，我們可以看到他能否在失意時仍舊堅持理想，抑或是漸行漸遠！人生路上總是由許多順境與逆境交錯而成，嘉哲的故事就是由一道又一道的挑戰、有時成功有時失敗的努力過程編織而成的篇章。

拜讀此書時，對許多章節都相當有感觸，也許是對於嘉哲過往的心路歷程有著或多或少的參與，相當能夠瞭解他在這其中付出的努力、堅持，以及許多造福後進的所作所為。台灣長跑的大環境整體而言是困難的，相信嘉哲的故事能帶給許多愛好長跑運動的朋友們滿滿的正能量，進而影響人們對於長跑的態度，並給予支持。

這本書不僅是一本適合跑者閱讀的書，對於許多追逐夢想的年輕人也相當合適閱讀此書，讓築夢踏實、激勵人心的真實故事激盪出自己對於未來更多的想法與做法。讀此書就像喝一杯咖啡，唯有細細品嚐之後才能擁有它那迷人的香氣與甘甜。

我願強力推薦此書給各位。

推薦序

十年朽木，一生跑魂

徐敦傑／「運動筆記」主編、資深跑者

我和嘉哲認識近十年了，早些年在台灣市民路跑風氣還沒這麼興盛的時候，每個早晨，在台灣大學椰林大道的路上，不論晴雨，總會看見一個年經人輕快英挺地跑著，那時的我心裡總想著這是誰？和我一樣是個「不正常」的大學生，七早八早在沒人的校園中繞圈。

後來在賽場上的幾面之緣，以及Facebook方興未艾前的部落格交流，才結識了這位台灣馬拉松長跑的當代傳奇。有別於台灣傳統運動員、和大眾對於跑者孤芳自賞、寒窗苦練的一板一眼，嘉哲宛如一位天生的演藝人員，寓玩樂與詼諧於跑步之中，為跑步，應該說專業跑步這看似單調枯燥、又臭又長的運動注入了一股前所未見的活力，你很難想像一個名稱為「叫你們小姐來」的部落格，其作者是一位國家級的馬拉松運動員，但從字裡行間，你一定可以感受到嘉哲對這項運動的熱情、愛好、與享受，全然沉浸其中。

這麼說並不代表嘉哲的訓練是玩票，我敢說他是我認識的跑者中數一數二把跑步訓練當「一生志業」的人，志業和苦差事是兩個完全不同的層次，許多年輕的運動員因為天賦、或早期興趣使然的投入與表現，從小被賦予運動員的身分，在傳統體育科班的訓練下長期地操練身心，往外界期待、自己卻不見得清楚的道路前進，久而久之訓練就成了苦差事，逃避推託、停滯不前、放棄轉途的大有人在。

或許是因為嘉哲那獨特的跑步背景，一切源自於逃離傳統升學體制、追逐身心自由的初衷，所以跑步這條路雖然辛苦，但他始終甘之如飴，我未曾見過他抱怨訓練的辛苦與挫折，做不好，休息再來，跑不到，多練幾次，嘉哲最常掛在嘴邊的「意志力」，不只是對單次訓練辛苦的堅持，更是對一生跑步志業的投入。

二〇一四年，我在台大醫院的病床上看到這位老朋友，眼眶中的淚水早已攔不住、從眼角滴落，我當時無法想像這位景仰的跑者、閒話的朋友、和風趣的作者，未來人生是什麼模樣，哥本哈根一場意志力駕馭承受力的比賽，嘉哲跑斷了左腿脛後肌，不要說跑步，甚至可能不良於行，當時各界除了惋惜，也只能給予祝福，沒有人有他會再度回到跑道上的期望，也不敢想。

二〇一八年，四年之後，我在電視機前面看到這位老朋友，不是向母校學弟致詞講述斷腿心路歷程，也不是代表傷殘運動員出席慈善晚會，三十四歲的嘉哲以2小時19分59秒，成為台灣史上跑進兩小時二十分大關最多次數的跑者，這宛如電影般地劇情真實地出現在台灣無數熱愛跑步運動民眾的眼前，見證了這堪稱奇蹟的一刻。你需要多大的熱忱與努力，才能從幾近傷殘的狀態下回到巔峰？張嘉哲做到了，沒有太多的淚水與表情，因為他知道上帝未曾離棄，始終賦予他跑者的身分，有一天我一定會回來。

每個早晨，在台灣大學椰林大道的路上，不論晴雨，只要你在這邊跑步，也許會看見一個年經人輕快英挺地跑者，他是張嘉哲，一位跑者，一個作家，一個以跑步為文化投入的事業經營者，他用跑步寫著屬於自己的非凡人生，不論你是否是個跑者，我想嘉哲的故事都能成為你細細品味的經典篇章。

推薦序

張嘉哲是一個『奇怪的運動員』

——在他歷經千錘百鍊的精瘦身軀裡，是不折不扣的『跑者魂』

歐陽靖／跑者、演員、作家

第一次遇見張嘉哲，是在二〇一三年八月份一場NIKE的公開活動上，當然在那之前我就聽過「真男人」的名號，也在YouTube上看過《朽木。真男人》的紀錄片。雖然當天現場來了許多大名鼎鼎、全民皆知的棒球運動員，但對於同年剛完成人生初全馬不久的我來說，能夠見到『奧運馬拉松國手』本人才是最值得興奮與期待的事！我跑42.195公里要五個小時，為什麼有人只要花兩小時十五分就能完成？

老實說，與高頭大馬的職棒選手們站在一起，精瘦的張嘉哲就像是隻弱不禁風的瘦猴子。「不愧是世界級馬拉松跑者的身材啊！簡直跟肯亞選手一樣！」我心裡如此讚嘆著、羨慕著……但全場應該也只有我一個人不斷觀察張嘉哲的脂肪比例跟腿骨長度。當時的我是極度害羞而雀躍的：「倫敦奧運馬拉松國手」的光環對我來說，比什麼偶像明星都還帥得多了。

那場活動中，我與張嘉哲並沒有互動的機會，只記得他發言時拿著麥克風說了一句很奇妙的話：「跑步會教你跑步！」造成主持人與全場來賓滿頭問號。

直到活動結束大家準備各自回家時，我發現張嘉哲居然把參加倫敦奧運的選手號碼布，隨便幾個別針就這樣別在後背包上。我指著那張號碼布問他：「這是……奧運的號碼布嗎!?你怎麼別在那裡？」奧運的號碼布不是就應該放在家裱起來嗎？

「就是要讓大家看到才帥啊！」張嘉哲如此回答。

那一刻，我就像有了某種專屬於新人類的感應，瞬間就理解這個人的人格特質。原來……張嘉哲是一個非常搞笑的人！（當然，之後認識嘉哲的父親張叔叔後，才知道誰是真正的狠腳色……）

與張嘉哲初見的詫異不僅於此，在我轉身即將離開會場前，他叫住了我，並把背包上的奧運號碼布拆下來送給我。這麼重要的禮物我真的不敢收下來，但又覺得要是就隨便別著，這塊號碼布總有一天會掉在路上，所以我說：「好，我替你保管！」一直到今天，嘉哲的倫敦奧運號碼布依然像是神明肖像般地掛在家裡櫃子上，每當要跑馬拉松前我都會恭敬地參拜一下。

或許臭味相投、年齡相仿，後來常跟嘉哲在臉書上聊起一些對於人生毫無意義的垃圾話，但每當遇上跑步瓶頸時，他也是我最好的指導教練。舉凡跑步姿勢、訓練量、賽後恢復、營養食品等等疑問我都會不客氣地提問，他也總能給予最正確的答案。當然是這樣！不問馬拉松奧運國手要問誰？那段時間，他替張叔叔成立了臉書粉絲專頁，分享張叔叔的詼諧妙語。雖然那些銘言略帶粗俗、兒童不宜，但實在是鏗鏘有力又爆笑；原來把張嘉哲養成奧運國手的教練就是這麼一位奇異的父親——永和最強市民跑者張叔叔啊！自此之後，我都對外宣稱自己是「張叔叔的粉絲」。

說起與張嘉哲認識這幾年，最驚人的階段要屬他脛後肌肌腱斷裂的時期；很難想像一位奔馳在賽道上的跑者，竟然會坐著輪椅、不良於行。「職業生涯結束了嗎？」、「他一定很難過吧……」身為朋友的我其實非常為他的心理狀態感到擔憂。

記得有一天身體狀況不太好，於是便在私人臉書寫了自己無法恣意跑步的負面情緒留言，原意只是想討拍，但卻看到張嘉哲在底下回覆：「妳現在跑得比奧運國手快喔！」

那時他可是坐著輪椅呢，居然開自己的玩笑來安慰我？我這才確信，國手的精神素質可不比一般人！他一定會痊癒，而且能重回賽道！

往後嘉哲歷經比受傷前更精實而科學化的訓練，現在的他不但重回馬拉松賽場、跟漂亮老婆成婚，還能跑出不輸受傷前的優異成績，我想，這是台灣歷史上、甚至世界也少有任何長跑運動員可以做到的。

張嘉哲常常說自己是個「魯蛇（Loser）」，從沒在馬拉松賽場上拿過金牌，跟國外職業選手（如日本選手）相比也跑得不快。他說的沒有錯，但他也說過自己跟其他職業選手不一樣的地方，在於他是真心喜歡跑馬拉松。我能確實感受到他對跑步的愛與熱情，而這股正能量也感染了很多很多人。

張嘉哲近來在做一件很帥的事情，他成立了一個非營利機構，蒐集大家不需要的專業跑鞋去幫助經濟困頓的年輕田徑選手。這是超越個人成績的成就，也是運動精神的傳承。

最後，我想說的是…張嘉哲是一個『奇怪的運動員』，他跟大家都不太一樣，但他是一個真正的『跑者』，在他歷經千錘百鍊的精瘦身軀裡的，是不折不扣的『跑者魂』。

第一章

不平凡的跑步人生
——從這一天朝夢想跑下去

「因為喜歡，我想要一輩子做這件事情。」

甘肅西北民族大學的移地訓驗

從一九九七年四月一號這天，說出「我想要跑步」這句話開始，沒想到這麼一眨眼，十九個年頭也就這麼過去了。

我是張嘉哲，字朽木，號真男人。田徑資歷十九年，台灣馬拉松成績2小時15分56秒，男子歷代二位。二〇一二年倫敦奧運初嚐走紅滋味，原因並不是為國爭光，也不是國內少數擁有三屆世錦賽或兩屆亞運會經驗的長跑選手，而是當全世界的跑者都有水喝，這傢伙怎麼在奧運「沒人幫他遞水」？

之後開始提筆，跨足成為一位專欄作家。兩年後，在選手生涯最為巔峰的時刻跑到腳筋斷裂，意識到原來跑步不是單靠「意志力」就好。復健期間，陸續創立「LoveShoes. TW」愛心跑鞋計畫與「真男人文創商行」，除了跑者與作家之外，人生又多了一個董事長的頭銜。雖然全公司上下目前也只有董事長一人，不過人因夢想而偉大，最終的理念是成立長跑選手相關基金會，為台灣基層運動員提供資源。

其實我一直到了很晚的年紀才接觸田徑，國小喜歡的是棒球，國中則是著迷於籃球。記得念小學的時候，是職棒剛開打的黃金年代，只要晚上六點半一到，就立刻守在收音機前面，意猶未盡地聽著主播描述即時賽況。特別是當年龍象大戰打得火熱，在學校就會幻想自己是「假日飛刀手」陳義信或是「鐵捕」洪一中，和同學利用不要的報紙與膠帶捆成紙球，在走廊上玩起傳接球。

過了一段時間，同學們野心越來越大，紙球跟寶特瓶球棒已經漸漸無法滿足大家貪婪的胃口，正好家裡面剛好有手套與球棒，於是就和同學們聚在一起，組織了一支棒球隊，還有模有樣找了學校的體育老師，假日到河堤邊的籃球場集訓。

當時比較厲害的同學就當起了投手或游擊手，像我這種實力比較不怎樣的，就被發配邊疆，到球比較少的外野去，不過也沒有在意這麼多，反正有得玩就好了，只要輪到我的打擊機會，就趕快拎著球棒上場揮擊，心情就會覺得非常滿足。

國中則是受同儕影響喜歡打籃球，只要下課鐘鈴一響，就會把握短暫的十分鐘，衝到樓下和同學們打比賽，還用身上為數不多的零用錢，買了一本「籃球入門」教學書回家看，後來還每天早上六點自己起床晨操，放學後偷偷自主訓練跑階梯，完全是在跟運動員的生活致敬。

雖然從小到大，骨子裡就充滿野獸般的好動基因，如果你以為每一位運動員小時候就天生神力、骨骼精奇，那我可能是一個例外。因為打從娘胎以來，速度與爆發力好像就不如人，以前體育課測一千六百公尺，實力也不是太突出，大概就是班上三、四名這麼一般般的水準。

如果你問我說：「你小時候就想當運動員嗎？」、「這些經歷對你往後的人生有幫助嗎？」其實我一點也沒有想這麼多，只知道這些事情是我最想做、也是最喜歡的生活。

真正開始有了跑步的念頭，是在國二下學期。

那是一個令人窒息的聯考升學年代，暑假一到，每天就是從早上九點到晚上六點，關在一間密不通風的補習班教室裡，看著台上口沫橫飛的老師發愣，以及面對永遠也寫不完的習題。這對於一個終日愛與太陽為伍、風兒為伴、鳥兒為友的孩子來說，簡直就是一種無止盡的折磨。生活最大的小確幸，大概就是偶爾透過窗邊的隙縫，窺見外頭一絲的陽光，想像外面的世界是如此美好。

我的親哥哥，年紀比我稍長三歲，比我早踏入田徑圈，當時早已跟著長年在俱樂部跑步的「張叔叔」展開練習，到全台灣各地去參加路跑賽（張叔叔其實就是我爸，只是我喜歡這麼叫他）。對比我的牢籠生活，總是羨慕他們能在假日到處趴趴走，拿著豐厚的紀念品與獎牌回家，聊著跑馬拉松發生的趣事，實在是好不風光。

有一天，我坐在補習班的椅子上，看著牆上的時鐘一分一秒在走，我突然感覺到非常害怕，不知道自己未來要做什麼，也不知道目標在哪裡，只覺得台上老師說的笑話一點也不好笑，每一句人話我都聽不懂，於是當晚回家就有點賭氣跟張叔叔說：「我也想要跑步！」

當我脫口而出這句驚世之語時，突然靈光一現，好像有某種特殊性的儀式正要開始，我知道這絕對是真男人張嘉哲偉大的啟航、足以記載在史冊之中。只是很不巧這天剛好是四月一號愚人節，張叔叔聽完面無表情，沒有做出任何表示，大概心想：「你這個猴死囝仔，擱再騙我啦！」

翌日，當全部人都以為是我在練肖話時，我已經從鞋櫃內，挖出哥哥淘汰掉的跑鞋出門跑步。他的跑鞋尺寸比我的還要小一號，穿上去其實一跛一跛的，不過當時也顧不了這麼多，只要能逃離補習班教室，要做什麼事情都好說。

張叔叔看到我這樣，一開始也沒有認真要把它當作一回事，沒有給我任何的課表與要求，反正全家都喜歡跑步，出門運動也不是什麼壞事，就帶著哥哥和我一起跟著「和諧長跑俱樂部」的前輩們一起跑步。於是，無止境的跑步生活與喝不完的中藥湯人生就此開始。

細數過去的跑步經歷，其實從未想過有一天能成為田徑運動員，更別說是能夠代表台灣站上奧運的舞台。開始跑步或許是受到父親「張叔叔」耳濡目染的影響，所以我常跟別人分享，家庭教育很重要，如果張叔叔當初喜歡打高爾夫，我現在搞不好就是PGA的巡迴職業選手了！

我知道這樣的經驗可能和你我身旁的運動員有所不同，大多數的人會選擇這條路，成長背景大概可以分為兩類：一種就是不愛讀書，被家長或學校丟到體育班管教；另一種則是小時候天份過人，某一天被學校教練挖掘，不知不覺走上競技運動員這條路。只不過等到長大之後，當你問他為什麼要練田徑時，他會用一種天真爛漫的表情回應你：「欸，我自己也不知道耶，因為教練說我很適合。」

如果你問我為什麼要練田徑？我的答案很簡單：因為喜歡，我想要一輩子做這件事情。

人生的第一場路跑賽是在小學四年級，大概就是以歡樂性質為主的動物園路跑賽。張叔叔報名十公里賽事，我則是挑戰三公里組。先前印象中從來沒跑過這麼長的距離，跑到一半感覺要死不活的，就乾脆停下來用走的，張叔叔跑完自己的十公里後很擔心，還回頭折返來找我，只記得他看到我時立刻虧說：「欸！兒子啊，你也跑太慢了吧，我跑完都可以吃下一碗蚵仔麵線耶！」

後來則是好一陣子沒有參加比賽，一直到決定開始跑步之後，張叔叔又帶我參加NIKE辦在台大校園的十公里路跑。這場比賽總共兩百多人，我最後則是跑了一百多名，回到終點又不免再次被張叔叔虧一次，但是現在心態完全不一樣了，跑步是我最想做的事情，反倒回嘴：「拜託！至少我還贏一百多名耶！」

其實我從以前開始就對「輸」這件事情不太在意，因為一直以來就是一枚魯蛇（Loser），書也唸不好、運動能力也不到頂尖，唯一的強項就是臉皮很厚，即使在學校成天被老師叮得滿頭包，在家又要被張叔叔照三餐碎念，被罵基本上就是不痛不癢，這也是為什麼長大之後，不太會執著於國內的名次和獎牌，縱使每次在比賽中費力領跑，最後將冠軍拱手讓人，依舊是樂此不疲。

也是這種樂觀的天性，國三某一天上午，學校透過廣播徵求「會跑步的學生」，希望能找到代表學校參加台北縣全縣運動會的學生，我自告奮勇跟老師說我會跑步，想報名一千五百公尺的比賽。沒想到當下我就立刻成為縣運的出賽選手，也壓根沒想到是否會被其他體育科班學生慘電，只知道比賽當天有公假，隔壁同學看了好生羨慕。

比賽當天是一個艷陽高照的下午，走進田徑場其實也不知道自己要做哪些準備，反正就是頭扭一扭、腳踝做一下伸展就準備上場了。隔壁跑道是一位短腿的矮個子，之前跟他在路跑賽打過幾次照面，年紀比我小兩歲，印象中從沒一次贏過他，待會兒的策略，就是打定主意死命跟著他。

「砰！」裁判的槍響聲劃破比賽前的寧靜，等我回過神來已經跑過了第一個彎道，前面的選手速度飛快，第一圈就拉出好一段距離。坦白說，那天的比賽，中間發生什麼事情我現在全忘了，過程中就是悶著頭跑，周圍的聲音也完全聽不見，包括專程來為我加油的家人。

記得最後四百公尺感覺特別難受，心跳好像快從胸腔裡跳了出來，那位短腿的矮個子在我前方一步的距離，我盯著他的背影，儘可能地榨乾剩下一絲的餘力，可惜在終點前依舊沒能贏過他。

「啊！結束了！」大會時間顯示四分四十七秒，排名第八位。

賽後我哥跟我說：「嘉哲，你也太緊張了吧！第一圈跑過來的時候，你的臉色根本慘白。」我聽完只覺得腦袋缺乏氧氣無法思考，根本沒意識到自己的身體是怎麼一回事，後來才知道原來這種感覺叫做「緊張」。

至於那位短腿的矮個子比我快上一秒，排名第七位，幾年後他的身高一口氣飆高到一百八十公分，可能比他日後的田徑成績還要來得進步許多。他的名字是魏振展[1]，未來的鐵人三項國家青年隊教練。

第八名的成績雖然不怎樣，幾天後學校竟然在一次朝會上，當著全校的面表揚我的成績，印象中大概是第一次站在學校頒獎台，受到這麼多人的關注，心想：「喔！原來平常那些成績好的同學，看到的風景是這樣啊！」。站在我隔壁的是一位學跆拳道的女生，同樣在縣運得名、接受學校頒獎，還害羞的問我上台會不會緊張，因為長得好可愛所以我記得非常清楚。

我頓時覺得：「跑步，好像挺不賴的耶！」

決定開始跑步之後，原本魯蛇的人生，似乎連結上另一條軌道，前方開始有了明確的目標與夢想，心情頓時豁然開朗了不少，不過當時這個影響人生的重大決定，在外界看來似乎不是這麼一回事。

「我不補習了。」我對著補習班的老師說。

「張嘉哲，你都國三了還不專心升學？你是在搞什麼東西？」

「我以後想要跑步。」

「跑步？跑步能讓你幹嘛？未來能當飯吃嗎？我跟你講，現在不好好唸書，你一輩子都不會有出息！」

原本是因為不再走唸書升學這條路，向補習班告知自己的人生規劃，不過卻反倒被老師冷嘲熱諷一番，當時心裡覺得非常不是滋味，很氣憤又很委屈，為什麼我沒有做錯事情，還要被人這樣冷眼冷語？

即使三年過後，想到當天的場景依然覺得情緒激動，一度走到補習班門口，想帶著拼命爭取到的金牌回頭找他理論。後來我才知道，原來這只是社會價值觀的一段縮影，是我一輩子都必須面對的課題。

既然升學不再是一件重要的事情，體育成績也摸不著科班的邊，張叔叔說：

1 曾為游泳選手、田徑選手後轉為鐵人三項的魏振展，目前擔任北市大教練培育選手享受鐵人新旅程。

「那好吧，你就近找個學校唸唸吧。」於是就跟隨著哥哥的腳步，選擇到新北市開明工商電腦繪圖科讀書。一開始想唸的科目其實是餐飲科，覺得學習做菜與調酒，好像是一件滿厲害的技能，不過餐飲科暑假必須到各個地方實習，這樣我就不能好好在田徑場訓練，最後才選擇作罷，進入課業較為輕鬆的電腦繪圖科。

正式開始練習田徑，可以說是國三升高一的暑假，說正式其實也不是這麼正式，最早就是跟著張叔叔和俱樂部的前輩一起跑步。直到進入開明工商，因為當時學校的田徑隊就我這麼一人，放學就自己一個人坐車到師大分部，跟著何信言[2]、邱建興[3]以及雷遠郎[4]三位國手一起訓練。沒什麼課表、更沒有任何週期化的概念，反正死命盯著前輩們的屁股就會進步了。有時候跟著他們跑一圈四百公尺，那天的任務就算是功德圓滿了。

很多人會對田徑選手的生活感到好奇，其實沒什麼太特別的地方，一天的日常大概是長這樣子的：早上五點半起床，五點四十出門晨操，七點回家洗澡吃早餐，接著趕著到學校上第一節課，放學後又再進行一次訓練，結束後回家休息。週而復始，數十年如一日。

如果要用更白話的口語說，訓練其實就跟打卡上下班一樣，清晨、下午各一次，除此之外就是休息，等待下一次訓練。休息對於選手非常重要，否則會影響到身體的恢復，如果是同學說要聚會或是唱歌，你必須得做出一些取捨，一直到本人三十歲這個老大不小的年紀，太晚回家依舊會被張叔叔關切。

我的教練張叔叔，其實不是正規的選手出身，當初為了拉拔我哥跟我，會購買相關跑步書籍自學，並且長年與何信言等國手一同訓練、藉機偷抄課表。利用人力資源標會籌湊經費，讓兩位兒子前往中國移地訓練，並運用社會大學裡「有關係就

2 何信言曾在一九七九年時曾奪下五千、一萬公尺的雙料冠軍，一九八六年第一次參加海外馬拉松—檳城馬拉松，並奪下冠軍（成績為2小時28分14秒），因此也有了「海外第一冠」的稱號。其後陸續拿下三屆曾文水庫馬拉松和區運會馬拉松冠軍，並於日本鹿兒島馬拉松連續三年奪冠，二〇〇一年以四十一歲之齡於泰國宋卡馬拉松再次奪下冠軍，累積海外馬拉松五冠，也是目前台灣獲得最多海外冠軍的選手。

3 邱建興馬拉松經歷超過二十年。二〇〇六年代表台灣參加肯亞奈洛比渣打馬拉松跑出東北亞冠軍成績，二〇一一年河南鄭開馬拉松是他參加的第一百〇一場馬拉松，該賽他以2小時39分的成績跑完了全程。

4 現職於再興中學的雷遠郎教練被譽為全台最佳中長跑教練，一九八三年便以2小時25分43秒達標個人最佳成績，現居全國紀錄第二十二名。

沒關係、沒關係就有關係」的實戰經驗，特別與廚房大哥交陪，不但送菸、送酒、送土產，請吃飯、請喝酒當然更不在話下。皇天不負苦心人，終於套出特調給馬拉松運動員的中藥飲品，回台依樣畫葫蘆，兩位兒子自然也成為被實驗者。

說起張叔叔的跑步故事，也是相當精彩。他三十歲開始喜歡上跑步，參加路跑賽被發掘後加入鳳凰城牛頭鞋俱樂部，成為當時少數擁有贊助的市民跑者。正職工作因為不懂說話藝術，總是得罪長官，所以考績一直是乙等，只好轉從跑步中獲得人生中那卑微的成就感。

因地利關係，他每天就是從永和跑到師大分部（約2.5公里），再繞著操場跑一百圈，當時朝會時會撥放國歌，並停下腳步等國歌結束才又繼續奔跑，成為人生中常掛在嘴邊最驕傲的事情。

全盛時期，每個星期天他都有比賽，打遍北、中、南各大中年男子的天下，最後被江湖人稱為「跑棍」後，突然領悟每星期東征西討移動的比賽行程與獎牌並不是他想要的生活，毅然決然的拆解所有獎盃資源回收，撕掉未跑進三小時內的獎狀，從此超脫重視精神層面，與幾位北部同好組成和諧長跑俱樂部，並擔任俱樂部總教練，無酬幫忙訓練喜歡跑步的青少年。我真心認為這是他做過最棒的事。

他經常掛在嘴邊的名言是：「有練就有，嘸練就嘸！」也曾說過「如果我有一天會死，那一定是我兒子害死的。」他大概做夢也沒有想到，成天跟他對著幹的「小鵝子」（張叔叔台灣國語，小兒子總是唸成小鵝子），有一天也能代表台灣，站上倫敦奧運的舞台吧。

我的父親就是我的教練，這似乎沒什麼奇怪的地方，體育圈也總是愛把「一日為師，終身為父」的教條搬出來，許多選手甚至等到跑出一點成績後，面對媒體訪問，也會當眾表示教練就像父親一樣關愛著他們。然而真實的狀況是，在國、高中階段，一般的學生其實都有點害怕教練，也不敢忤逆他，因為成績跟升學管道都掌握在教練的手裡。

可是張叔叔不一樣，他畢竟是我爸，我不聽他的話也不會遭到禁賽或處分，如果他叫我比賽不要貿然衝出去領跑，我只會心想：「你咬我嘛」，照樣衝出去跑我自己的節奏，就算比賽因此輸了被念到臭頭，隔天還是一樣早上五點半起床出門晨操，根本不痛不癢。

我以前總覺得這樣的互動，是一件再正常也不過的事情，跑步就是生活，是家裡的一部分。直到有一天記者問我說：「張叔叔是如何在『教練』與『父親』的角色之間做權衡？」。我才意識到，原來我的跑步背景好像有點特別。

高職三年最重要的比賽莫過於全國中等學校運動會（簡稱全中運），它是選手一整年度的驗收，也是除了春季盃、秋季盃以外的一場大型賽事。第一年參加全中運其實有點搞不清楚狀況，上了跑道思緒還是很迷濛，萬米的比賽還因此多跑一圈、跑了十多名的成績，直到張叔叔覺得奇怪，向裁判抗議與調大會錄影帶，證實的確是多跑一圈，最後才遞補上了第八名。那年五千與萬米的成績，就以第七、第八名作收。

高二的全中運，成績已經有所大幅提升，不過五千、萬米項目依舊有兩大高手，分別是長榮中學蔣介文以及清水中學鄭子健。蔣介文高中時期可以說是橫空出世的奇才，根據台灣長跑競技網的描述，蔣介文高一參加台灣區中運（全中運前身）就以15分24秒89拿下五千公尺金牌，寫下了史上高一最快紀錄。一個月後的國際田徑邀請賽，蔣介文再度跑出32分47秒67的成績，成為我國史上第一個萬米突破三十三分大關的高一生。

到了高三那一年，蔣介文代表台中縣參加了改制後第一屆的全國運動會，以30分55秒72拿下一面一萬公尺銀牌，至今依舊是有史以來，高中生第一位萬米跑進31分內的紀錄保持人。簡單說，以他當時的實力，跟其他高中生根本就不在同一個級數。

鄭子健則是在學生時代，成績一直比我優秀，升上大學後，萬米也跑出30分20秒96成績，位居歷代以來第十傑。這兩位高手在比賽還未開跑之前，幾乎就等同預約了五千、萬米的金牌、銀牌。雖然先前有風聲傳出好像有選手受傷、狀況不佳等說法，不過田徑場上沒有真話，這種傳言還是聽聽就好，剩下的選手就摸摸鼻子，等著爭銅牌吧！

賽前評估自己的成績，應該有一拼銅牌的實力，只不過那陣子為了積極準備這場比賽，訓練時非常拼命，覺得左腳內側每一次跑起來好痛，當時根本沒有什麼跑者膝或是髂脛束症候群的概念，也不知道身體是怎麼一回事，加上當時的訓練觀念也不成熟，不懂受傷了就是該乖乖休息，傷勢拖了半年都沒有好。

結果最終不僅沒能銅牌，還被第三名的選手不斷玩弄，由於年代太過久遠，就姑且先稱他為「調戲哥」好了。他跟我一樣專項都是長跑選手，報名五千、萬米項目，比賽過程中我們實力相當，自然會跑在差不多的位置，但我發現他好像在玩弄我的意思，一接近他的背後就立刻加速，等到我們保持一段距離後又刻意放慢速度，來來回回好幾次就是沒有辦法能超越他，只差沒有直接對我說一句：「來追我啊！笨蛋！」。跑進終點雖然身體極度不舒服，但心裡的悔恨更是有種說不清楚的苦楚，結果當年獎牌再度槓龜，雙面銅牌則被這位「調戲哥」拿走了。

從這件事情之後，高三這一年，每一次訓練都帶著極度強烈的恨意走上田徑場，不爽在田徑場上被人玩弄、不滿那些曾經看衰、看不起自己的人，訓練也比之前更努力，專注在練習上，成績自然也突飛猛進，就是希望全中運能夠快意復仇。

到了隔年全中運前夕，突然收到令人震驚的消息，耳聞去年「調戲哥」就靠著去年的雙面銅牌，高二就已成功推甄到體育大學，更為荒謬的是，上了大學他好像也不打算繼續練習，跑步這件事情，對他來說就是一種被用來上保送大學的工具而已，頓時覺得這一整年累積的情緒好像無從發洩，好像又被他再次調戲了一番。

從這件事情之後，後來我就覺得報仇實在是件很蠢、沒什麼意思的事情，就算全中運讓你真的跑贏他了、拿到獎牌回去嗆當年看不起你的補習班老師又能如何？比較實際的作為，還是應該專注在自己的成績，把重要的比賽跑好還是比較實在。

所以這也是為什麼即使體育圈喜歡明爭暗鬥，經常為學校的光環與頭銜非得爭得你死我活，但等我在這個圈子有了一些資源，也願意分享給每一位需要的選手。

至於最後一年的全中運，在兩大巨頭蔣介文與鄭子健相繼畢業後，我終於在高三這一年奪牌，成功搶下全中運五千、萬米兩面金牌，為高中田徑生活畫下完美句點。靠著這兩面風光的金牌，我後來也順利取得就讀台北市立體育學院（現為北市大）的入場門票。

體育正規班的跑步人生，就從這天開始。

第二章

我在北體的日子

——咦？什麼是馬克操？

「即使是倒數第二名，耍帥也絕對不能輸人。」

在內蒙古高原乾枯的河道上訓練

上大學第一天，我發現自己根本是誤闖文明世界的奇異猛獸。第一件嚴重衝擊我世界觀，是世界上原來存在著一個東西叫做「馬克操」。馬克操是將跑步過程中會使用到擺臂、抬腿、跳躍、平衡等要素，拆解成無數個單項動作的熱身操，目的在於加強選手的身體活動度以及跑步技術，通常被安排在訓練主課表之前的熱身，像是在跟身體說：「嘿！該醒醒囉！一天的訓練準備要開始了！」

不會做馬克操的長跑選手大概是什麼概念？那種感覺就像是有人跟你說，我長這麼大，唸書從來都沒有學過「注音ㄅㄆㄇ」一樣，更別說我還曾是全中運雙料金牌呢。台北體院的同學，大多是體育班保送上來的優秀田徑選手，所以關於跑步的基礎動作與知識，可能從他們中學、甚至是在小學階段就已駕輕就熟，所以別說是馬克操，關於跑步這件事情，他們可能早已經覺得沒有新意。

我第一次接觸馬克操的時候感覺非常新鮮，心裡總是不自覺驚嘆：「哇！這動作從來沒做過耶！」、「咦？為什麼要做這個？」因為好奇使然，加上一開始做這些動作很笨拙，有一段時間我瘋狂研究馬克操的動作要領、學習各種動作的變化型態。甚至著迷馬克操到什麼程度呢？下課鐘響後就在教室外頭，毫不在意其他人的眼光，自顧自地在走廊練習。

我是一個在俱樂部長大的孩子，以前從來沒有接觸過這些知識，對我來說體育班教育是一個全新陌生的領域。大學修了一門運動力學的課程也很令我印象深刻，有一次台上的老師正在講解標槍與拋物線的原理，向我們分析選手要用什麼角度與姿勢才能擲得遠。我那時候覺得不可思議，心想：「標槍不是使出吃奶的力氣扔出去就好了嗎？原來有這麼多的知識要學！」就跟跑步不是單靠意志力一樣。

其實從小並不是很愛唸書，聽到這些觀念也似懂非懂，不過身體某一種隱密的機制似乎被人開發了一樣，發現田徑好像有著永遠都讀不完的知識，我就像老奶奶進大觀園般，以一種完全聽不懂又感到新奇的狀態下，像塊海綿不斷吸收。

第二件衝擊更大的事情是「價值觀」。來到體院之前，一心想著終於能盡情跑步了，沒想到開學第一天，學長姐就直接了當地跟我說：「學弟，趕快培養個第二專長，未來才有機會卡個教職缺。」一直以來傳說著體院有三寶：老師、教練、跑業務，所謂搞體育最後的出路，就是往體育老師、教練與裁判、體育用品相關產業發展，訓練突然變成一件不太重要的事情。

我也曾經聽過一位學妹直接跟我說：「練這麼久不就是因為要這樣嗎？」每次

聽到這樣的話都令我有點暈眩，為什麼不是先搞好第一專長，等有餘力再去把第二專長建立起來？好像體育運動員就只有一條鞭式的未來發展，似乎有點本末倒置。

其實上了大學，許多同學便失去了外在動機，一下沒了升學的目標，對於跑步這件事情變得有些迷惘，加上許多人突然從一個封閉壓抑的環境，跳脫到一個自由開放式的環境。跑步變得不再有趣，真正好玩的地方則是夜店、夜唱或者是夜衝，以前沒有玩到的，現在要一口氣補回來。

當時我想要訓練，想在自己還趁年輕的時候，了解自己能拼到什麼樣的程度。因此，在朋友眼中，我是一個沉迷在訓練的獨行俠，很少會參與大家的娛樂活動，大家聊得盡興的話題我也插不上邊。

當時，我最常聽見同學們用有點得意的口吻抱怨說：「昨天唱到天亮，一不小心又爆肝了。」聽到他們的對話，我偶而還會故意在旁邊插話：「欸！你們怎麼沒約我？」

「張嘉哲，啊，你不是隔天還要訓練，準時十點上床睡覺？」

我只好笑笑回答：「對啦對啦！我只是好玩講一下嘛。」

其實高中有段時間，非常羨慕體育班的生活，因為班上只有我一個人練田徑，同學們從來都搞不清楚我在做什麼，加上開明高職校內沒有操場，校慶也不搞全校運動會這一套，沒能讓我有所表現的機會。一直到高三全中運獲得金牌、受到學校表揚，同學才驚訝對我說：「張嘉哲，原來你這麼厲害喔？」

所以每次比賽，看著其他學校的選手，結束會互相按摩放鬆、彼此打鬧，心裡覺得非常羨慕，而我只能跟張叔叔大眼瞪小眼。

結果來到北體，雖然從一個人的田徑隊，進入到體育科班生的團隊環境，但發現大家彼此的價值觀不同、追尋的目標不一樣，所以我倒也沒有選擇隨波逐流，跟著大家做一樣的事情，可能也是以前一個人獨立慣了，倒也慶幸當初還好不是念體育班的料，沒有進入正規的一流名校就讀，否則以我這種特立獨行的個性，早就被釘個滿頭包。

談到團隊生活，我想大家應該都有聽過體育圈是一個非常講究「學長學弟制」的環境，總有一些莫名的潛規則。即使當你作學弟時遇到不合理的對待，等到當學長後也要用同一套觀念，去教育下一批的晚輩。某些不合時宜的思想，也就這麼一代接著一代傳承下來。

例如看到學長姐要有禮貌的問聲好，遇到迎新送舊的場合，也不免要向學長姐敬酒，不這麼做的菜鳥，通常被他們找機會「拉正」，甚至還會拉攏一群人對他霸凌與排擠；喝酒的文化則是長久以來的陋習，新進來的菜鳥喝到吐、喝到掛都是時有所聞，好像經過這樣的震撼教育，才算一位是有素養的體育人一樣。

舉一個很悲哀的實例，以前隊上有一位很愛擺架子的學長，每次訓練時，總愛吆喝剛入隊的菜鳥做些不合理的要求，或是用體罰的手段建立學長威信。幾年後，他有一天回到北體看學弟們訓練，完全沒有任何一位學弟願意走過去叫他一聲學長，他後來也只好摸摸鼻子走人，相信心裡面應該是五味雜陳。

很幸運我在北體的這段時間，中、長跑的學長姐們普遍對我非常照顧，他們知道我進來這裡有心練習，遇到喝酒的場子，不會對我太過刁難，每次總說：「嘉哲，你意思意思沾一下就可以了」。如果玩到通宵或太晚，他們都明白我隔天要訓練，會讓我提早離開，也不會有那種給你五十元，拗你買一百元鹽酥雞回來的鳥事。

如果平時遇到一些麻煩、求助無門，學長姐們也都滿樂意捲起袖子幫忙。相對來說，我自己在訓練時也很識相，多半會出來領跑，替學長們在前頭擋風，直到畢業之後，我們大家還是會持續保持聯絡，偶爾吃個飯維繫一下彼此感情、關心近況。

在訓練方面，許多選手上了大學會遇到重新適應教練的問題，這部分北體教練黃文成給了我們很大的彈性，我也就乾脆繼續沿用張叔叔的菜單，等於沒有教練銜接問題。只不過以前在師大分部可以跟著國手前輩們一起訓練，現在有心要訓練的人少了，有時候強度很難一下拉得上來。這時，我就會拜託其他人以車輪戰的形式，輪流在我前面帶個幾趟。到了大三，昔日的對手魏振展考進北體，我們後來成了要好的朋友，也多了一位訓練夥伴可供差遣娛樂。

但是這傢伙剛進來全身毛也是一堆，老是說他腳痛需要休息，結果他後來決定轉往鐵人三項發展，腳痛竟然奇蹟似地痊癒了。日後他也一路努力當上中華隊鐵人三項國手，並且念了研究所，以不到三十歲之齡就當上中華隊青年隊教練，現在則是在北市大擔任正職教師。

相反地，這段時間，我反倒是訓練遇到一些瓶頸，幾次比賽也沒跑出亮眼成績，一直到後來在移地訓練認識了佐藤教練，成績才有大幅度的突破。

小時候，很羨慕同學在寒暑假可以全家出國旅行，我則是大多在籃球場渡過假期，萬萬沒想到，長大之後沒能成為籃球運動員，反倒成了田徑長距離跑者與馬拉松選手。當時發現，原來當選國手可以有機會出國，我覺得我應該可以努力一點成為田徑國手，那就可以跟其他同學一樣出國去了。

但是，第一次出國並不是當國手，而是升大學一年級的暑假，跟著我哥與台灣體院的學長們，到內蒙古移地訓練。

為了這次出國行，張叔叔、屠阿姨（我媽）用傳統標會來的錢，籌措經費讓我可以在當地訓練兩個月。當下，我非常開心與雀躍，因為終於可以和其他同學一樣享有出國的體驗了。但是，在內蒙古的荒漠與乾枯的河道上跑步時，我的出國夢想就此碎了，原來外國月亮不一定比較漂亮。

我們所待的單位全名是「內蒙古體育工作第二大隊」，第一大隊是馬術、射擊、摔跤等重點運動，田徑則是被歸類到第二大隊。這個聽起來有點像是軍隊體系的隊伍，其實就是內蒙古的職業隊，也算是當地的公務人員，基本上有固定的薪餉可以領。

那裡的環境很像是五十年前的台灣，一出了宿舍，四周都是綿延不盡的農田，十公里外可能才會有個小型的村莊。上午的強度訓練多半在宿舍樓下的田徑場，下午的慢跑則是會往外跑。

如果你在跑步途中便意來襲，農田的附近其實也有小型的茅廁，只不過把門打開一看，就會發現裡頭的黃金堆得像金字塔一樣高，這時候就要考驗你疊疊樂的技術了，因為你絕對不想要全身帶著異味走回宿舍。

住宿的地方可以看得出來有階級區分，一樓通常是給二軍選手居住，廁所是很簡陋的一條鴻溝。二樓以上則是一軍的住所，設備會看起來好一些，有公共的單間廁所可以上，只是這裡的人如廁都不太喜歡關門，一開始也是需要學習與適應。我們因為是自費來到這裡，自然是會花錢住在比較高的樓層。因此，對於他們來說，有點像是來自台灣的有錢公子爺。

洗澡的地方是一個空間超大的正方形澡堂，出水口只有水龍頭，並不是常見的蓮蓬頭，沒辦法像在家裡一樣淋浴。熱水也還是透過燃燒煤炭的方式加熱，一天僅有下午五點半到六點半這麼一個小時的時間可以洗澡，錯過了就是洗冷水，或是等到明天再來。

移地訓練的生活非常單純，沒有電視也沒有網路，訓練完就是恢復放鬆，為下一次的訓練做準備。偶爾散步、到各個宿舍串門子，幾乎是唯一的娛樂與消遣。

由於當地是高原地形，身體的狀況與在台灣不一樣，容易放屁，腸胃消化會變差，睡眠品質也會受到影響，容易中斷與多夢。這些狀況在高原都是很正常的現象，但我第一次移地訓練傻傻地跟過去什麼東西都沒帶，都是跟當地的選手東問西問，後來才知道要帶什麼藥物過來。

提到吃飯，還有一件讓人印象深刻的事情，剛來這裡的頭兩個禮拜瘋狂拉肚子，當時不明原因究理，直到有一天上午特別餓，食堂裡的廚師告訴我們，吃不夠的選手可以到房間裡的櫥櫃自己拿，我遵從廚師指示，走進去打開櫥櫃這才發現，我要的麵包上頭有一層黑色的物體覆蓋，仔細一看，原來是鋪滿了無數隻的蒼蠅。

看到這個奇景，我既沒有尖叫也沒有倒吸一口氣，只是很冷靜地舉起手來向前一揮，等待蒼蠅們像雪花一般紛飛起舞，拿起我要的麵包，毫不考慮向嘴裡一塞，繼續做我平常的事情。很奇妙，幾個禮拜後你的體能不僅變好，腸胃也變得更加強壯了。

簡單來說，那就是一個這樣的環境。

在訓練方面，一開始的課表是完全跟不上的，在台灣你不論跑的多快，到這裡一切都只是開始。沒有人會問你在台灣曾拿過幾面金牌，只會問你的馬拉松成績有多少。你的最佳成績就等於你的名字，取決於地位高低，連帶別人看你的眼神也會改變。

我想，從這裡學到最大的一件事情就是，無論你是全中運金牌選手，還是「台灣一哥」，這一切似乎都沒什麼意義，當你站在一望無際的內蒙古草原時，內心會變得開闊，逐漸拋開原本在台灣那些微不足道的虛榮。這也是後來為什麼我從來不在意國內比賽稱霸與否，因為這個世界很大，我們要競爭的對象應該是自己，是全球。

移地訓練結束後，當飛機抵達台灣，迎面而來的就是熟悉的夏季氣候，以前覺得百般黏膩的濕熱氣息，現在突然變得倍感親切。

「我活著回來了！」我看著天空感激說。

高中時代朝思暮想的舞台是全中運，一心一意為了這場賽事做準備，與全國頂尖的高中生一同競逐。但升上大學之後，等於被放到更大的容器，跟的是全國的好手、甚至全世界一起競爭。

第一次有當國手的機會是在大學一年級，那年我代表中華民國田徑協會（簡稱田協）參加二〇〇二年的渣打香港馬拉松，跑出了2小時32分23秒、第二十四名的成績。有了這次比賽經驗之後，發現能到國外與全世界的選手一起交流，是多麼有樂趣的事情。後來也就這麼食髓知味，把一些原本認為重要的國內賽事都給看得淡了。

記得是大二某一天上午，突然接獲田協的通知，被告知擁有世界大學運動會（簡稱世大運）的參賽資格。世大運是由國際大學運動總會（International University Sports Federation，簡稱FISU）所主辦的綜合型國際運動賽會，提供各國大學生運動競技與文化交流的舞台。

這項賽事每兩年分別於不同的城市舉辦，自一九四九年以來，規模與重要性幾乎僅次於奧林匹克運動會（簡稱奧運）。而且根據賽會的統計，歷年來有48％的奧運獎牌得主，曾於世大運得過獎牌，算是一個匯聚各國新生代好手的舞台，這項賽事台灣也在二〇一七年取得主辦權。

二〇〇三年世大運舉辦的地點位於韓國大邱，這是我人生中第一次參加如此高強度的比賽，當時達標的項目是半程馬拉松，不過田協認為既然都花機票錢讓我飛去韓國，就乾脆人盡其用，一併幫我報名了十公里賽事，感受一下何謂世界級的比賽。

十公里的賽事率先登場，賽前根據大會提供選手們秩序冊，看了參賽選手們的成績，心裡已經有個底，最終的名次應該會落在倒數。果不其然，當天比賽裁判一鳴槍，我就瞬間落到所有選手的最後一位，看著各種奇形怪狀的選手都遠遠在你前方，心裡實在是非常震撼。

特別是賽前熱身有留意到一位帶著細框、梳著油頭的書生，他的模樣簡直就像小說《哈利波特》走出來的真實人物，我心裡想著這種怪咖我再怎麼樣也不會輸吧，結果比賽開始後沒多久，我就被他狠狠套了一圈。

直到比賽的距離剩下八圈的時候，我發現自己似乎逐漸追上倒數第二名的選手，我評估一下自己身體還留有餘力，稍微加了一點速度把他追了過去，但沒想到他看到我超車，立刻又發力把我反超過去，來來回回、你來我往拉鋸了好幾次。我們兩個人就在全場沒人在意的狀況下，互相展開激烈拉鋸戰，簡直就比前段班競爭還刺激。爭的這一口氣，就是再怎麼樣不想要當爐主。

最後我發現他氣力終於用盡，才在最後幾圈把他甩開，笑著進入終點。倒數第二名的榮耀，實在是得來不易。

最讓我驕傲的地方還沒結束，記得當時有一群韓國女學生，每次經過她們的時候都會聽到非常興奮的尖叫聲。一開始以為她們是在幫前段班的選手加油，不過心想不對啊，領先群已經跑到田徑場另外一側，應該不是為第一名歡呼，難不成是走運了，真的在替我加油？

衝過終點線的那一刻，我發現她們的尖叫聲還是不斷，我二話不說拔起身上的手環，朝著這群韓國女粉絲扔了過去，此時的尖叫聲又更響亮了。我什麼話都沒說，頭也不回向休息室快步走去，俐落的模樣實在是帥慘了。

即使是倒數第二名，耍帥也絕對不能輸人。

幾天後，半程馬拉松比賽登場，有了先前十公里比賽的震撼教育，對於吊車尾或墊底這件事情，似乎又多了一層心裡建設。不過驚訝的地方還在後頭，記得當時進入衝線階段，距離終點只有五百公尺之遙，大會工作人員突然衝出來不斷向我比著手勢，由於語言不通，一開始我也聽不懂他想要表達什麼，直到工作人員將終點線拉起，猛然回頭一看，原來是日本女子冠軍選手要準備回來了，我很識相地放慢速度，等著她衝線後，自己再一個人默默進入終點。

這就是世界的水準啊。

大學的暑假每年都會規劃六到八週的高原移地訓練，光是內蒙古我就一共去了五次，二〇〇四年可以說是重要的轉捩點，因為在那裡，我遇見了影響一生的日本教練佐藤壽一。

佐藤壽一過去是日本鈴木公司陸上競技部的監督，退休之後受到中國一哥胡剛軍邀請來到內蒙古遊玩，當他看到許多選手在刻苦的環境下訓練時深受感動，決定從舒適的日本搬來環境刻苦的內蒙古，無償指導這裡的選手們。

我認識佐藤壽一教練是在十九歲升大一的暑假，那時候他剛到內蒙古，還不太會講中文，彼此有語言上的隔閡，結束後大家就是拍張照、合影留念，想說如果明年有機會再來的話，再去和他攀關係，看能不能從中撈點實用的資訊。

二十歲再次來到內蒙古移地訓練的時候，我早已有備而來，特別帶著一些台灣的小點心，打算找機會去拜訪他。沒想到在我還沒去找他之前，佐藤壽一教練有一天就來先敲我的門，跟我說現在的跑步姿勢太過前傾，雙腳太過後勾，導致屁股留在身體後面，每踩一步都像是在煞車。在我還沒從驚訝之中清醒時，佐藤教練便畫了一張我到現在都還留著的力學圖形，提醒我應該要怎麼跑。

當時我的教練費其實是繳交給另一位中國教練，佐藤教練沒有收我任何一毛錢，也無法從我身上撈到什麼好處，但是他覺得我從台灣大老遠跑到內蒙古訓練相當有心向學，後來便陸續私下指點我很多跑步的知識與技術，並且開課表讓我訓練。

因此，後來每次來到內蒙古，都會跟他多聊上幾句，訓練結束也會跟幾個同行夥伴到他房間串門子，一起看日本比賽的錄影帶。我一直以來對日本的馬拉松賽有許多憧憬，偶爾會在聊天過程中有意無意透露出我的意圖，跟他說：「好想去日本比賽喔」之類的玩笑話。

有一次，我鼓起勇氣向佐藤教練認真提出我的問題、想法及需求，他點根菸，喝著每次只泡半包的台灣古坑咖啡默默的聽著。最後，他只問了我一個問題：「你現在馬拉松最佳成績多少？」

當時的我，馬拉松最佳成績是全運會跑出的2小時22分55秒，他說他有人脈可以安排招待我去參加日本防府讀賣馬拉松賽，但他丟了一個目標給我：「218」。

是的，我必須跑到2小時18分。

第三章

朽木與頑石

——跑步能當飯吃嗎？只要努力，垃圾也能變黃金！

「付出不見得有所回報，只能在這條路上
堅信不已，耐心等待變強的一天。」

2010 年日本移地訓練時，把在當地看見的畫面，畫成明信片寄給朋友。

「朽木逢春，頑石點金。」一鉢師父題。

認識一鉢師父，是在北體的書法社。此時我已經拿到北體研究所入學資格，正式成為研究生。

當時舞蹈系的系主任受到雲門舞集知名作品「行草」的啟發，在系上成立書法社，希望舞蹈系的學生們能藉由書法領悟身體的律動性，授課老師正是這位一鉢師父。

我從以前就覺得書法很有意思，聽到這樣的消息後，二話不說，立刻找了學弟魏振展一起加入。最後，社團成員總共有十二個人，十個舞蹈系學生，二位來自陸上運動學系。很顯然，大家認為我們動機不純，八成要藉故去舞蹈系把妹。

事實上，我的確寫不出一手漂亮的書法字，不過卻很喜歡觀賞這種行雲流水的字體，它就像跑步一樣，存在著一種流暢與藝術的表現。

正式上了一學期後，舞蹈系同學覺得沒什麼興趣，接連說要退社，反倒是我們兩位從外系亂入的門外漢，跟老師聊得來，便想說要把這個社團給留下來。

只不過根據學校的社團規定，一個社團的成立最低門檻是十個人。為了湊滿社團需要的人數，我們只好在宿舍挨家挨戶地問，甚至自行印刷宣傳單，在學校內隨機發放，最後得到的答案都差不多，不是覺得無趣，就是認為書法是小學生出作業用的。

為了應付學校規定，我們勉強找了八位學弟妹當作社團幽靈人口，他們不用來上課，只要替我們簽個名就可以了。一鉢師父在了解狀況後，跟我們說沒關係，兩百名學生跟兩位學生，對他來說是同樣的道理，他這一輩子只渡有緣人，就算只有兩位學生他也教。

就這樣，我們把這堂課留下來了，並且連續上了三個學期，直到魏振展考上北教大研究所才中斷。

你問我書法有進步嗎？其實這堂課我們沒什麼在寫書法，大多數時間我們都在聊哲學與人生觀。

一鉢師父氣質像是修佛的得道高人，數學背景出身，卻精通書法、佛法、太極、財經以及歷史等知識，兼具理性與感性的存在。實際年齡五十幾歲人，因為飽讀詩書、保養得當，看起來只有四十出頭。

他老人家的觀念與一般人有所不同，例如當時我們拼了命爭取國手資格，他卻不希望我們去當國手，因為他認為我們拼命到一個極致，反倒會把身體搞壞。他曾說：「為國家拼命，國家會覺得這很重要嗎？」他總是勸我們趕快積極理財投資，因為這才是具有延續性與未來性的事情。

一鉢師父生活過得簡樸，把金錢看作身外之物，但卻是社會主流價值中，不折不扣的人生勝利組。有一次和魏振展約好去他家參觀，才知道一鉢師父住在台北市高級黃金地段，家中擺放著瑪瑙、寶劍以及古琴等高貴之物。相較之下，自己還在為下一次移地訓練的資金煩惱，實在是教人好生羨慕。

有一次，一鉢師父透露自己從小有先天性心臟病的困擾，不能像平常人一樣進行激烈運動，能從事的運動最多只有太極拳，跑步對他來說，反而是一種過份的奢求。這讓我想起以前和諧俱樂部一起練跑的前輩與田徑場外的高級進口車，反觀我雖能在田徑場咨意揮灑青春，但卻總得為金錢煩惱的運動員人生，我內心充滿矛盾。

直到認識一鉢師父我了解到，其實到頭來，我們終究是在羨慕別人的生活罷了。

一鉢師父他經常提醒的一個觀念：歷史很重要。當你懂得歷史，時間與空間的框架就會有所不同，能明白人類總是在同樣的經驗中，反覆犯下相同的錯誤。那些我們看不開、過不去的事物，只是時間軸的某一個片段。對於整個浩瀚的宇宙來說，都是微不足道的事情，我們又真的需要如此在意嗎？

記得有一年代表中華田徑隊到義大利參賽，看著客機上滿滿地都是旅行團家長帶著小屁孩參加法國巴黎、義大利米蘭文化饗宴，我那時心想，自己用盡心力、費勁千辛萬苦的訓練，才有機會到義大利喝喝正統的Espresso，為什麼這些長大就會忘記國小幹了什麼蠢事的屁孩，就可以這樣輕輕鬆鬆的到義大利去玩呢？當時，因為我的過分努力，讓我更憎恨這世界的不公平。

當我提出這樣的想法時，一缽師父卻反問我說：「公平？有誰去定義公平嗎？這世界誰去區分公平與不公平？」一霎時間，我恍然大悟，過去自己花了很多時間去懷疑、去悔恨、去抱怨、去委屈，卻忘記這世界上一定還有很多像過去自己一樣的運動員，需要支持、需要幫助、需要有人關心。

有時候就會像這樣，給自己的心裡打上一個死結，越是死命掙脫，就越是糾纏不清。直到想通了，恍然大悟了，明天就更有力氣站上田徑場。所以與一缽師父相處像是一種充電的過程，有時候訓練很疲憊、對未來感到迷惘，甚至練到有點灰心沮喪，看到一缽師父心情會舒坦許多。

某一次社課，一缽師父請我們找出一個適合自己的字號，就如同蘇東坡字子瞻，取一個中國古代人都會有的代表字。因為他認為名字代表運勢，擁有不同姓名就能招來更多的好運。

長期以來，運動員就是被瞧不起的角色，三不五時就能聽到：「跑步選手喔？跑這麼快，以後能當飯吃嗎？」、「這麼拼命練，以後還不是跟我們一樣。」

每次聽到這些話，心中總是五味雜陳，為什麼我們這麼努力，不抽菸、不喝酒、不上夜店、不違反法律道德，卻不被世俗的眼光所認同。

於是我找了幾位臭味相投的朋友，組了一個名為「垃圾變黃金行動藝術團」的團體，成員都是一群對未來迷惘的異類，抱持著想賭一口氣、證明自己能做到些什麼的心態，希望總有一天垃圾也能變黃金，被世人所認同。

至於「行動藝術團」的概念，則是因為我們的背景來自陸上運動系、水上運動系、舞蹈系以及藝術系，希望藉由自己的專長與行動來表達我們的理念。

舉例來說，日本家喻戶曉的素人跑者川內優輝，比賽過程中總是表情扭曲、痛苦不已，進入終點後更是經常倒在地上，需要工作人員攙扶才得以離場，常讓人情不自禁地被他的精神所感染。為什麼他沒有說半句話、沒有留下任何固體或具體的東西，我們卻能知道他想要表達些什麼？我們認為這就是精神的傳遞，也就是我們期許垃圾變黃金的革命意志。

因此，在一缽師父問我們要取什麼名號的時候，我便決定將自己取名為「朽木」，魏振展則是「糞土」。取自於論語公冶長篇的「朽木不可雕也，糞土之牆不可朽也」，腐爛的木頭不能雕刻，糞土一樣的牆壁不能粉刷，恰好形容外界看待我們的處境。一缽師父聽了之後，認為「朽木」很好沒問題，不過「糞土」實在太難聽了，建議將這兩個字改為「頑石」。並且提了「朽木逢春，頑石點金」兩行字給我們。代表的是，即使是腐爛的木頭，終有開花綻放的一日；頑固無知的石頭，有一天也能變成黃金。

從此我在履歷上的姓名欄位，多了一筆期許未來的種子：張嘉哲，字朽木。

蒙古移地訓練，經過兩個月移訓回到台灣後，我感覺自己充滿了源源不絕的動力，每次都想：「馬拉松跑2小時18分就可以去日本了！」

可惜事與願違，自從大三那一年的全運會，跑出2小時22分55秒馬拉松個人最佳紀錄後，接下來幾次成績都未能叩關，僅跑出2小時半左右的成績。

四分鐘的差距，對於競技選手來說相當不容易。以2小時22分的速度來說，平均每一公里的配速是3分23秒（min/km），如果要跑進2小時19分以內的成績，等於每公里就要快上5秒的時間。

這數字聽起來似乎是沒什麼，如果換算里程就會變成非常驚人的數字，因為四分鐘的差距也就意味著，我得必須進步一公里以上的距離。

我從高中正式接觸田徑，展開規律的訓練之後，其實成績已突飛猛進，每一次練習或比賽，幾乎不斷刷新個人最佳成績，一度看不到自己的極限。不過等到大二，馬拉松跨越二小時半的領域，那又是另外一個世界了。即使每天刻苦訓練、風雨無阻，一年三百六十五天從未間斷，你的付出也不見得能有所回報，只能在這條路上堅信不已，耐心等待變強的一天。

為了能跑到2小時18分的水準，我拜託佐藤爺爺設計課表讓我帶回台灣練習，畢竟他過去是日本實業團的教練，年輕時期也曾是奧運候補成員之一。既然日本的長跑實力為亞洲第一，對運動訓練的理解與進步遠勝於台灣，那我如果要突破現在的瓶頸，勢必要接受不同教練的指導。

那個年代的通訊設備不像現在這麼發達，我們遠在台北、蒙古兩地，用的是傳真機互相聯繫。佐藤爺爺會一次傳來一段時期的訓練課表與重點，等我練好之後，再跟他報告自己的訓練狀況，並且寫在紙上傳真回去給他。

大多時候，我的訓練心得並沒有寫得這麼多，大概是一整張A4紙的內容，佐藤爺爺看過之後，以中文與日文字交雜回覆。他的字體非常工整，就像是寫書法一樣，而且會洋洋灑灑寫到四、五頁的篇幅。

儘管有佐藤爺爺，但這段練習的過程中並不是這麼順遂，因為重新適應一位新教練的課表，勢必有一段陣痛期，加上以往對訓練的認知就是苦練再苦練，非得要操到吐、練到掛，才算稱得上有訓練效果。佐藤爺爺這份課表強度並不如以往練得這麼高，菜單裡還安排了許多中、低強度的練習，有時心裡不時懷疑：「這樣練下去，真的能進步嗎？」

另一方面，在蒙古移地訓練的那段時間，佐藤爺爺點出我的跑步問題，並認為現在的跑步姿勢在他心目中的標準只有三十分而已，如果要所突破，更改姿勢是最起碼的，但卻需要一年以上的時間。

當時我聽了心裡很震撼，從國中練到現在，好歹也練了六年以上的時間，以一般素人來說，都可以驕傲地自稱是馬場老鳥了。可是卻還有姿勢問題，加上改變姿勢得投資長達一年以上的時間，這不知道中間會錯過多少精彩的比賽與光陰。

因此，猶豫了好一陣子，始終拿不定主意，後來才轉念一想，如果我這一輩子可以跑到三十歲，接下來還使用九年的時間，既然改姿勢可以更為省力、跑出更優美的姿態，那不如就一鼓作氣地改了吧。

決心要砍掉重練後的練習，記得前兩個禮拜全身痠痛，身體似乎是開發到以往從來沒使用過的肌群。到內蒙古，佐藤爺爺更是把握我待在那裡的時間，每天拼命刁我的跑步動作，並且交代我回到台灣後，只要經過街道的櫥窗或汽車的鏡子，就不時注意一下姿勢有沒有跑掉。

可是雖然在內蒙古的四十天，動作已經調整到一個不錯的雛形，但很可能因為身體疲勞或是久未注意，回到台灣身體的記憶又再度打回原形。

但意外的是研究所接觸書法社的薰陶，在書法裡我意外體驗到跑步的技巧，雖然剛開始只能說是書寫，根本沒有「法」可言，一點或一撇全都相同大小，沒有粗細、飛白、渾厚或是枯藤。但等到開竅後，我意會到控制雙腳落地也如控制毛筆力道般，要不斷練習才能有精細的自動化動作，這道理也和太極拳是相通的，學習什麼是放鬆、什麼是放鬆中用力，最重要的是學會用重心去移動。

就這樣，歷經成績停滯的陣痛階段之後，佐藤爺爺帶來的訓練與跑步技術的改變，終於在身體與心理皆成長的研究所期間，我開竅了，實力一口氣能量爆發，終於迎來人生第一個巔峰期。

二〇〇五年五月，歷史的時針再度轉動，我代表中華隊參加韓國漢城國際馬拉松，跑出2小時19分42秒生涯最佳成績，這是睽違兩年之後，再度推進個人成績，也是第一次突破馬拉松2小時20分障礙。

雖然這場比賽未如佐藤爺爺的標準，一口氣跑到2小時18分的成績，但我不感到難過，因為我知道距離踏上日本的夢想變得更近了。

回到台灣，我雀躍地跟朋友分享首次突破馬拉松2小時20分的喜悅，但是，沒有人聽得懂我在說什麼。接著他們又繼續討論著昨天的電影情節與新款手機。

而這回，換我聽不懂他們在說什麼了。

我摸摸鼻子，趕緊跟佐藤爺爺報告這個好消息，他收到我跑2小時19分的成績時，回信跟我說：「跑得很好。」並允諾會替我找到日本防府讀賣馬拉松賽的邀請資格。

聽到這個喜訊，我簡直開心的飛上天，沒想到夢想距離自己這麼近。只不過，後來我才知道，原來我是這場比賽的招待選手中，成績最差的一位。

第四章

真男人國訓中心

——犧牲乃真男人必經之路

「既然被認為沒有價值，就該去創造價值。」

與五千公尺紀錄保持人吳文騫學長在阿里山高原訓練基地訓練，但此基地在 2010 年 10 月關閉。

在取得個人最佳成績以後，我也迎來了第一次進入國訓中心的經驗。有些人問說：「張嘉哲，你怎麼叫自己真男人，難道有假男人嗎？」這就不能不說到國訓中心。

國訓中心全名行政法人國家運動訓練中心，基地在高雄左營是間由軍營改造的場館，裡面有宿舍、餐廳、訓練場地也有醫生跟物理治療師，聽起來很不錯，但是對長跑選手來說，高雄的夏天太炎熱，移地訓練還是到北邊比較合適，像我的話以前是去內蒙古，後來會去大陸，緯度較高的高原地區在夏天較為舒爽也比較能訓練到心肺功能。

因此相對於高雄，我認為國訓中心若可以在林口或是台北有空間，對馬拉松或是戶外運動項目來說，才能成為比較適合訓練的環境。也許對室內運動項目來說，我考慮的氣溫或是天候不是重點，但是對馬拉松來講，一陣風或是一場雨都可能造成成績上很大的改變。

二〇〇六年廈門馬拉松，跑出2小時17分19秒的成績我獲得了杜哈亞洲運動會的比賽資格，也因此被要求進入國訓中心培訓。為什麼說是被要求，是因為當成績達標可以參加世大運、亞運或是奧運的時候，依國家規定便會取得一種叫做國手當選證明書的獎狀，這張獎狀跟證照不一樣，好處是擁有的兩年內可以用它考試加分、申請體育役，但兩年的時效到期便失效。

擁有國手證坐公車不會打折，也沒有國民旅遊卡，但規定要到國訓中心進行訓練、準備參賽。不論你在國訓中心外的人生正在什麼進度，是正在讀大學研究所、當老師、當上班族、還是有女朋友老婆小孩，都必須得要暫停，提著行李到國訓中心關起來訓練。

在國訓中心裡有許多運動員，各個項目都有，而馬拉松則是歸類在田徑項目裡的一種。若要將田徑細分，可以分到四十三項，大略一點也可以分成五項：第一項是田賽，包括跳躍跟投擲，跳高跳遠跨欄撐竿跳、推鉛球擲鐵餅標槍都在裡面。第二項是徑賽，可分為短跑、中跑、長跑、接力跑、跨欄和障礙跑。第三項則是必須在公路上進行的各種距離公路跑和公路接力跑，包括半程馬拉松、馬拉松。第四項是競走，在體育場內或外進行的都算。最後是越野賽跑，指必須在原野、草地等自然環境中進行的競賽。

就是因為項目實在太多，上天下地，資源難免會有分配不均的問題。有時達標要進國訓中心訓練的短跑選手比較多，也有時比賽中長跑的比較多，像二〇一二年奧運因為入圍的選手多是短跑，所以便是請兩個短跑教練，而像我這樣的馬拉松就沒有教練，不是團隊沒有教練，而是團隊裡沒有擅長中長跑的教練。除了亞運這次，我還去過許多次國訓中心，幸運的曾有過許績勝[1]教頭陪伴，有他可以給建議、開菜單、按錶、寫申請經費計畫書、移地訓練計畫書，可是也有些時候沒有中長跑教練，主攻負責其他項目的教練也有自己的選手，連幫我按錶都沒有時間，更不用提其他協助。

在國訓中心的訓練，相對於平常在台北有張叔叔可以幫我按錶、送水，更常得一個人完成所有的事情，因此二〇一〇年第二次亞運進入國訓中心的時候，我覺得自己犧牲好大，正在讀研究所讀到一半得休學，原本慣常的訓練模式也被打斷，還得適應高雄的氣候環境，要待個一兩週才能開始準備移地訓練企劃書能出去換地方訓練。

1 一九九五年以2小時14分35秒創全國全馬紀錄的許績勝教練，是台灣目前最快成績紀錄保持人，在破紀錄後因膝蓋烈疼痛發現患有「先天性膝蓋骨分裂症」，他毅然決然放棄開刀，直接參加亞特蘭大奧運跑出2:23:04（第五十七名）的成績，為台灣選手在奧運馬拉松迄今最快成績。二〇〇〇年他放棄日本高薪工作回到台灣擔任教職培育青年選手。

雖然在裡面包吃包住，有生活津貼補助，但有學籍、工作、留職停薪會拿到不等的生活津貼，好則有四萬塊，少時才只有一萬多塊，得暫停的不只是生涯規劃，對有些人來講甚至是家庭經濟。但是達標就要去國訓中心是運動員的國民義務，如果不去的話參賽資格便可以被取消。

這是上一輩的思考邏輯與工作方式，他們大概認為給你包吃包住還有錢可以領讓你專心訓練，這有什麼好抱怨的，更應該感激。可是，對我來說，這樣的訓練方式不是對成績進步不能產生最高效率，反而得改變許多正在訓練的節奏、費體力與精神南征北討，還有一大堆企劃書表格得填，相當耗損。

但說國訓中心全部都很糟糕也不盡然，在那裡會碰到許多喜歡、認識的隊友是件很令人開心的事。像台灣腳程紀錄前三的短跑選手：劉元凱、蔡孟霖、易緯鎮，還有跨欄的陳傑、跳高的向俊賢都是我的好夥伴。住在裡面常常很無聊，我們便常會搞東搞西做些白爛的事情。

短距離晨操比較輕鬆，主要是教練希望選手不要太晚睡，維持訓練節奏。而馬拉松的長距離晨操通常都比較硬，大概都會跑完十二公里，然後再回去睡回籠覺、吃午餐、準備下午的訓練。晨操完短距離的選手們常常來我房間鬧我，故意玩一下不讓我睡覺。有時隔天有晨操，選手們前一天還是忍不住打遊戲、看漫畫到很晚，晨操完他們會連早餐也不吃就回去睡覺，這時就換我鬧他們，搓他們屁股之類的，也不讓他們睡覺。在國訓中心很像住男子宿舍，我們像是一群青少年，任何可以想到的宿舍遊戲，我們大概都玩過，只不過這裡十一點要熄燈，同時斷網路。

這群人裡，我覺得自己很犧牲，可是其實二〇一〇年跟蔡孟霖同時因為亞運進國訓中心時，他已經三十歲，短跑選手過三十歲還在跑是很驚人的，一般來說能夠維持就算進步，而那次是他第三次進入亞運比賽。二〇〇二年時，他比四乘一百米接力賽拿到第八名，當時他認為以台灣選手的實力應該有辦法拿到前三，因此二〇〇六年的亞運他又進，並拿到第四名，這時他還是覺得有辦法應該要拿到前三，所以二〇一〇年他達標又進來國訓中心了。

而這中間蔡孟霖的人生也不斷在迎接各種進度，已經開始讀研究所也在一間國中裡當實習教師，進國訓中心前他辭掉學校的工作並從研究所休學。在要休學時曾有教授很不客氣持反對立場跟他說，「如果你辦休學，就不要讀了。」但蔡孟霖還是很帥地跟這位教授說：「好啊，那就不要讀。」就走了。

台灣的教育制度很奇怪，高中教練會很熱血地會叫你拼啊，青春不留白，可是當畢業的時候他們便突然放棄拼搏叫你去考師大，把體育大學、體院放第二、三目標，師大出來就有教師證，當體育老師比當選手好。訓練說一套，未來規劃又是另一套。台灣教練是很矛盾的，一邊說要擁有夢想，可是某個時間點一到什麼夢想希望都被主張放棄。

像蔡孟霖儘管達標也擁有著奪牌的夢想，可是學校老師卻不但不支持，反而還阻撓，都是因為他們認為比賽這種事已經參加過就夠了，人生還是該趕快把研究所讀完，出來找個教職，才是穩定。擁有夢想跟堅持，全世界都會幫助你，這種事只有出現在書裡。

儘管如此，蔡孟霖還是暫停一切進到國訓中心訓練準備亞運。我覺得這不只是夢想，甚至應該說叫做信仰，一般人要看到才相信，但蔡孟霖不是，他還沒有看過台灣拿到前三名就相信可以，相信到可以休學、連工作也不做了，這就是相信的力量，因為有相信的力量，我們產生信仰。

另一個夥伴吳文騫學長，當時他有老婆小孩，晚上蔡孟霖跟女朋友視訊，文騫學長跟老婆小孩視訊。我是研究所休學進去，覺得自己犧牲很大，去一個不想去的地方，還得休學，沒辦法做想做的事，可是進去看到他們，就覺得自己的犧牲根本不算什麼，他們才叫做犧牲。他們實在太屌，憑什麼會覺得四乘一百接力會拿到獎牌呢？沒想到最後真的拿到獎牌。這就是「真男人」，因此當時忍不住稱他們「真男人」，你一句真男人我一句真男人，後來田徑隊裡大家就都互叫「真男人」。

二〇一二年四月去北韓平壤萬景台馬拉松賽事之前，三月萬金石馬拉松賽中我比了個半馬做測試，很順利取得冠軍，完賽訪問中記者問：「張嘉哲你有什麼外號？」我很意外他會這麼問，忍不住回問他，你真的想知道嗎？沒想到，他竟然也真的有興趣，我就回了：「真男人。」然後這個詞便被寫進報導裡，「真男人張嘉哲」也就這樣誕生。

以前在高職是念廣告設計的關係，我對新聞、媒體、傳播的敏感度比較高，所以一看到「真男人張嘉哲」的新聞標題刊出，就覺得這稱號很有搞頭。運動員有個外號會讓觀眾比較好做連結，這在不論國內外選手身上都很常見，像是NBA湖人隊的Kobe叫黑曼巴，兄弟象的陳義信也被稱為「假日飛刀手」。所以從那時開始，我就開始在網誌或是其他曝光裡加入「真男人」的稱號。

當然一開始也受到不少訕笑，但不要理會，人很容易洗腦，講一千次、一萬次會成為習慣定型，覺得異於自己的事物奇怪、怪異，是因為沒有看過，沒有辦法想像，人要看到東西才會開始了解，但作為創造者，要突破思維，不需要既定的形象、不追求已經有的目標，看到看不到的前方，這才是創造！

創造除了在形象、物件之外，自我價值更是需要被經營的地方，而這是台灣許多選手都沒有的概念。有些人會覺得成績好本來就該有人贊助我，也有些人很有得獎金的企圖心卻沒有比賽的企圖心，只把比賽當作賺錢的方式，而不把創造突破個人紀錄當作選手的目標。

當然這事出有因，紀錄不可以當飯吃，當要租房子要吃飯，因為訓練沒辦法打工，那比賽的獎金理所當然變得非常重要，可是台灣比賽成績就是這樣卡住了。一場比賽裡大家都為省體力沒有人願意出來擋風，都在等其他人爆掉然後自己往前跑，所以才會許績勝教頭在一九九五年到現在2小時14分的全國紀錄都沒有人破。

相較於許多人我比較有資源，擁有最大贊助商張叔叔屠阿姨，雖然也被人說是啃老族，但是不要理會就好。因為吃家裡住家裡，省下許多花費所以我有能力追求獎金以外的東西，也因為這樣切出與其他跑者不一樣的風格，卡進比較有運動精神的路線。

真希望有一天國內比賽不要又是看張嘉哲爆掉其他人追上，當然我自己也要負責任，誰叫我要爆掉，但是如果可以有一下子你超越我一下子我超越你，那比賽一定好看得多。

成立真男人文創商行，也源自於不一樣的成長背景，產生出的解決問題的能力。二〇一〇年在國訓中心的時候因為中長跑不是重點培訓項目，拿到的經費也比較少。甚至一開始連移地訓練的機票都不夠，心裡難免會不平衡，畢竟重點選手是人我也是，他是國手我也是。以運動哲學來討論，便可以問到底國家是把我們當機器、股票還是人？國家把我們當股票所以將重點資源放在績優股上，是能夠理解的，換作一家公司去設想，不賺錢的部門被裁薪、裁員也是理所當然。可是，我們是人啊。

因為缺乏經費，第一次開始寫企劃書向企業尋求幫助，沒想到開始以後發現其實沒那麼困難，只要有能力、口才，把企劃書寫好、成功說清楚說服對方，那不用等國家或是協會肯定你，自己也可以去爭取，把自己跟紀錄化成擁有價值的商品推銷創造，沒有價值就去創造價值吧。

沒有進入體育班進入高職校園讓我糊裏糊塗到上大學才認識馬克操，但也認識到很多運動以外的世界，電腦繪圖科是個魚龍混雜的特殊環境，裡面有小流氓、玩band的音樂人、工廠小開，刺激相當足夠，展開一片跑步以外的廣大世界，甚至演繹教我搞體育也不應該只有一種樣子，排汗衣、毛巾跟水壺是我們的必配，但「先求帥，再求快」才是重點。

這兩年我開始留長髮，一方面想打破運動員只能留平頭的既定印象，另一方面我很喜歡現在自己長髮的模樣。過程難免聽到不少批評：留長髮會爆掉、成績不好都是因為長頭髮等等，但田徑場就是我們的舞台，作為運動員不在田徑場上打扮要在哪裡打扮？在自己發光發熱的舞台上，盡情的展現是合情合理的事。同樣是選手，很多人都聽過教練說打扮就是浪費時間、會分心，可是我認為這就是我的舞台，愛美、求帥本來就是人性，阻止在這邊發展，反而會更分心往其他地方去。「先求帥，再求快」就是最終極的目標，一定要帥這件事才有做的價值，如果連我都不覺得自己跑步很帥氣，那要怎麼喜歡在跑步的自己？

相較於過去，現在年輕一代的運動員就比較好，他們在意自己在田徑場上的樣子跟表現，這使他們更喜歡運動場，人是需要被關注的，在哪裡能被關注，他就會往哪裡努力。如果田徑場不能被關注，還得一直被罵，又不帥做也做不好，當然就會想離開往別的地方跑。打扮從來不是不訓練的理由，留長頭髮也不會是成績退步的原因，是因為本來就不想訓練、不喜歡田徑場才會跑去打扮、跑去玩。比起結果，為什麼不想訓練、是如何對跑步失去興趣才是真正要解決的原因。

除了外在，也有很多台灣教練在教學的時候也會告誡選手不要交女朋友。在過去教學裡，主張跑步是一種減法運動，要把生活誘惑、變化降到最低，把體力留給馬拉松，因此從我開始跑步我就幾乎都是十點上床睡覺，沒有夜生活、沒有去過畢業旅行，更不用提跨年、夜衝或是夜唱。這樣的規律讓我保持可以早起訓練的習慣，感情生活也空白了好長一段時間，但是因為是這樣我可以成為奧運國手嗎？我覺得不盡

2曾代表台灣參加二〇〇四年雅典奧運及二〇〇八年北京奧運的男子馬拉松比賽的吳文騫學長，個人最佳紀錄為2小時16分05秒。

3何盡平曾代表台灣參加二〇一五年世界田徑錦標賽、二〇一六年夏季奧林匹克運動會馬拉松賽事。個人最佳成績為二〇一五年創下的2小時17分42秒。

然。事實上，吳文騫學長[2]破紀錄的時候有女朋友，何盡平[3]去亞運時也有女朋友、達標二〇一六年里約奧運甚至才剛結婚一年。如果以機率與結果論，大家好像都應該去結婚，而不是不交女朋友。

確實因為交了男女朋友而放棄跑步的人也不是少數。大學時就看到很多優秀的選手因為訓練沒辦法約會，不能陪女朋友，被要求不要再跑，然後放棄跑步，但最後女朋友還是跑掉兩人分手。放棄訓練以為自己好像會多出很多時間可以做其他事情，但結果到最後還是一無所有。

到底減法訓練是對還是錯，應該都是取決於你認為哪個重要，當你可以把訓練視為最重要的事，好好安排規劃時間，交女朋友、出去玩，甚至要打扮到成為網紅都是沒有衝突的。

真正會衝突的不是事情，是自己。

第五章

最難忘的賽事

——倏忽即逝的選手生涯

「希望這是多一次的機會，而不是多一次的比賽。」

三百六十五天中的其中一天雨中訓練

人生總有那麼幾場永生難忘的比賽。

第一次參加路跑賽是小學三年級、人生第一場初馬是在大一的全運會，每一次比次賽都有刻苦銘心的體驗，但是再怎麼樣，也比不過二〇一〇年的「琵琶湖馬拉松」。

二〇〇九年，我進入國訓中心，為年底的東亞運半程馬拉松做調整，同一時間，也把目標放在隔年十一月在中國廣州舉辦的亞洲運動會，希望能在選手黃金階段，累積大量的國際賽事經驗。

亞洲運動會（簡稱亞運）是全亞洲規模與水準最高的綜合型體育競技賽事，每四年舉辦一次。自一九五一年開辦首屆以來，廣州亞運已來到第十六屆。這種大型規模的國際型賽事，想當然爾，水準與門檻自然不在話下。以當年來說，馬拉松達標的成績是2小時18分55秒。這樣的門檻，台灣歷年以來，也僅有五位選手曾擁有這樣的實力（現為六位），難度幾乎不亞於奧運馬拉松項目的男子B標水準。

為了能夠一舉跨越亞運的高門檻，我以日本的「防府讀賣馬拉松」與「琵琶湖馬拉松」作為目標賽事，等於是僅有兩條命的挑戰機會，一沒把握就四年後再見了，而且選手生涯疏忽即逝，誰知道自己還能有沒有下一個四年？

達標這件事情並不輕鬆，選定的目標賽事講求天時、地利以及人和，對我這種實力大概落在達標門檻上下遊走的選手來說，幾乎是缺一不可。

「天時」指的是溫、濕度氣候，以台灣選手而言，最理想的氣溫大約落在十度左右、濕度五十度以下。只可惜台灣屬於亞熱帶氣候，相當不利於長跑訓練與突破最佳成績，這也是為什麼長跑選手們要拼命籌錢出國移地訓練和比賽的原因。「地利」則是路線的平緩程度與轉彎多寡。越平緩的道路與轉彎較少的賽道越容易創出佳績，擁有全球最速賽道的柏林馬拉松就是最好的例子。「人和」則是訓練團隊與背後金援的支持，選定合適的賽事非常重要，我之所以有辦法參加防府與琵琶湖馬拉松，也是因為佐藤爺爺與許績勝教頭的牽線，否則以當時相對封閉的資訊管道來說，選手們多半只能聽從協會的安排。

儘管上述這些條件都辦到了，最後還是需要一點神來一筆的運氣，但就跟「莫非定律」（Murphy's Law）道理一樣，當你想著：「這場我絕對要達標！」最終的結果卻總會朝著你無法意料的方向去發展，而且往往是最糟糕的狀況。

○九年的防府讀賣馬拉松就是如此。

前往日本防府的前兩天，剛結束香港東亞運的行程光榮返國，隔日隨著中華隊前往凱達格蘭大道給總統觀賞，不到二十四小時，馬不停蹄搭上福岡的飛機與佐藤爺爺會合，整個十二月的行程抓得非常緊湊。

〇八年第一次參加防府讀賣馬拉松，也是一圓長期想在日本跑馬拉松的夢想，最終算是沒給牽線的佐藤爺爺漏氣，在前方菁英選手陸續爆掉的狀況下，以生涯最佳成績2小時17秒12奪下第三，獲得海外首座的馬拉松獎杯。如果今年的比賽能延續上屆的成績，自然是輕鬆達標亞運的門檻。

賽前幾天，遇上當地本年度的第一場雪，氣溫驟降，調整的感覺並不太好，就連佐藤爺爺也明顯發覺我的跑步姿勢不大對勁，但畢竟我才從東亞運拿下銅牌，狀況好得不可思議，還是一直給自己洗腦：「明天就會好的！」

比賽當天，沒有新聞預報所說的下雪，中午的太陽還使氣溫回溫了許多，這讓佐藤爺爺鬆了一口氣。唯一的隱憂就是風速過大，對於選手來說是一大麻煩。

午後十二點二分，大會鳴槍開跑，近千名選手魚貫而出，主辦單位特別安排非裔籍的頂尖好手擔任大會領跑員，既然有這樣的福利，我也不囉唆地躲避在人群後方，好減少大自然的力量。前十公里跑得比原本預定的配速還慢，卻發現小腿似乎開始出現僵硬的跡象，心裡猜想可能是先前東亞運比賽的疲勞還沒完全恢復。過了水站後，立即改變配速策略，加速追趕前方集團。此時風勢大的完全不像話，大家都被吹得東倒西歪，集團內沒有人敢出來領跑。

防府讀賣馬拉松路線平緩、氣候宜人，只可惜地點位處郊區，導致風勢劇烈又沒有高大的建築物抵擋。上一屆能跑出佳績其中一個原因是下雨無風，這屆太陽雖然露臉，倒是颳起大風，這讓我想起在金門的訓練，只要有下雨就不會颳風，沒下雨就一定會颳大風。

十五公里後，中國選手終於按耐不住加速前進，配速立即拉了上來，這樣的速度大概維持了五公里後，中國選手退開了領跑位子，我也順勢成了最前方的領跑員。跑在集團前面，彷彿像是「強風吹拂」，渺小的肉身在和大自然力量激烈碰撞，似乎一點也沒有小說裡浪漫情懷的想像。此時我驚覺小腿更為僵硬，甚至到了疼痛的地步，身體疲勞感直線上升，配速又掉回比賽開始之初的速度。

中國選手似乎覺得配速太慢再度加速向前，我已經沒有跟上去的力氣，雙腿逐漸不聽使喚、體力下降、意志力渙散，腦中盡是浮現出以往狀況不佳的慘敗經驗。比賽來到三十五到四十公里時，是身體與心理「最不想跑步」的階段，這五公里完全沒有任何一絲跑步的慾望，停下來休息的想法越來越強烈，像是男女激情愛戀三個月後，熱戀期突然消退一般。不管是回想洛基的熱血片段，還是唱個軍歌都是沒有用的。頓時處在一種雖然在跑步，卻又不知道要怎麼跑的矛盾。

最後二公里，手臂與手指感到寒冷，似乎已經有些凍僵，心裡一直很擔心自己會迅速失溫，直接被強風KO倒地，彷彿是連滾帶爬似的回到終點。到達終點後並不會喘，心靈卻非常的疲勞。馬拉松爆掉最痛苦的不是身體而是心理，心理又再回頭影響生理，不自覺的身體也莫名疲憊無助，小腿也依舊是痛到跛腳。最終馬拉松成績2小時29分06秒、排名第二十九位。距離2小時18分55秒門檻足足差了十分鐘之多，似乎因為東亞運的絕好狀況，所以樂極生悲了。

隔日回到福岡城市一日遊，替台灣朋友掃一些日本貨回去，張叔叔知道後忍不住又要唸一下：「你就是一直幫別人買東西才比不好！」

唉，我能說甚麼呢？

眼見廣州亞運在即，隔年三月的琵琶湖馬拉松，就是最後的機會了。

上一次來到琵琶湖是二〇〇八年，對於賽道的路線與流程並不陌生，但我心底難免認為，如果十二月就可以達標，也不用像現在這樣，那麼密集的訓練與參賽了。這場比賽我跟著許績勝教頭與何盡平一起自費前往日本，我們一邊在國訓中心進行刻苦訓練，一邊四處籌錢不斷吃閉門羹。

記得當時有朋友好奇問我：「為什麼你們不跟政府申請經費？」，我則回他說，傻傻的，以政府的角度來說，自然會將資源放在「重點選手」身上，因為有獎牌才會有業績與投資報酬率。如果是沒贏面的項目，選手還是自己爭氣一點比較實在，到頭來大家拼的不是運動精神，說穿了就是獎牌的多寡罷了。

就在出國的前一星期，聽到長輩撇過一句話：「希望這是多一次的機會，而不是多一次的比賽」。這實在是相當饒富哲學意味的一句話，讓我突然驚覺要用力握住上帝這「多給」的機會，這句話有如千斤重壓印在我心中。

搭飛機的前一個晚上，在床上無限輾轉，似乎是受到「賽前憂鬱症」的影響（我自己編的代名詞）。還好前幾天理了一顆大平頭，理髮完突然覺得如釋重負，自己這充滿兄弟味的髮型真是帥爆了，莫名其妙的自戀感，就這樣趕走了壓力。

星期四下午抵達日本飯店，天氣有些陰涼，溫度並不高，當天選擇休息沒有訓練。隔日再度陰天，上午十點半慢跑四十分鐘、加速跑六趟，結束後造慣例拜碼頭，前往琵琶湖，灑灑湖水淨身。下午阿平（我對何盡平的暱稱）去慢跑三十分鐘，我則是拿著他的大砲相機在湖邊做攝影訓練。

阿平疑惑著說：「你這樣不動一動，我不習慣欸！」

我持續拿著鏡頭冷靜說：「該練的不是都已經練完了嗎？」

星期六下著小雨，上午十點半慢跑三十分鐘、加速跑六趟。阿平若有所思地望著窗外說：「啊！下雨了。」

我盯著Facebook回：「之前過年那段期間，不是都淋了十幾天了？」

當天下午，阿平跑兩千一趟，我則散步到附近的神寺參拜打聲招呼，可惜沒能買到祝人合格的御守。

星期日小雨，上午七點起床，阿平已經吃完早餐回到房間小睡片刻。

他躺在床上說：「沒下雨欸。」

約莫八點用早餐，我看著落地窗外的雨水灑落，心想：「這樣叫沒下雨？」

早餐後回房上網跟朋友報告近況，開始準備比賽前的前置工作，帶隱形眼鏡、貼奶頭、貼鈦貼片、擦熱身用軟膏、擦凡士林、著裝。

阿平說：「你幹嘛老是脫光光？」

我舉起我左手的嘎肢窩，奮力用右手擦滿凡士林回：「不脫光是怎麼用啦！」

九點四十五分，做好最後檢查，搭上十點的接駁車前往田徑場，休息室裡擠滿都是2小時30分的選手，大家看書的看書、聽歌的聽歌、聊天的聊天、發呆的發呆，好不熱鬧。

我注意著這些人的相貌，說真的，還真看不出大家都那麼實力堅強。正如同老祖宗的那句話：「人不可貌相」，對於外表的評判只不過是暫時的，真功夫還是在比賽見真章。

在Facebook上認識的一位日本跑者，特別來到會場找我，他說著一口流順的英文，我大概只能聽得懂叫我加油之類的話，還有他那年要來參加台灣國道馬拉松想跑進兩小時三十分內。

十一點三十分，全部二百一十六位選手都很有默契的一起熱身。十二點二十五分，大家都很有禮貌的照號碼順序排排站。

起跑前十秒鐘，每個人心中屏息以待，身旁的日本選手則開始碎碎念咒語：優摟溪谷溝災一媽師（請多多指教）。

我則是在心中默念「2:18:55」，是否能領到亞運門票就靠這把了。

十二點三十分準時起跑，兩百多位實力相當的菁英選手全部擠成一團，我一開始的策略就是緊跟著和我差不多速度的103號，等人群散開再做打算。大會安排號碼的邏輯，是數字越小的選手成績越好，依照號碼推算，103號大約落在2小時15分的成績，阿平也跟在這一個集團。

第一個五公里，時間16分05秒，身體感覺相當順暢，不過同時發現集團速度減慢，沒人想浪費力氣出去領跑。果不其然，接下來的十公里配速逐漸下滑，看來變慢並不是我的錯覺。

集團內終於有選手忍不住，出去領跑並帶著大家一路追趕，速度又再度被拉了上來。

到達十八公里的時候，我印象很深刻，兩旁觀眾突然變很多，加油聲響徹雲霄，小孩比大人還拼命加油。我突然控制不住自己的情緒、熱淚盈眶，一股淚水從胃部直衝到喉嚨，接著我又用力的把它吞回去。這不是在田徑場上，被民眾不屑地認為霸占跑道的那種悲傷哭泣，而是一種被認同的感動。

長期以來，一直懷疑自己到底堅持的道路究竟是否正確、值不值得的驕傲，在那一瞬間中，那些被壓抑的情緒，全部都被釋放出來。不管最終是正確與否，這一切其實並不重要，因為至少這世界上還有二十萬人認同你所做的一點點事情。

第三十公里處時，速度維持平盤。我因為天氣寒冷吸了一口鼻涕，不小心踩到後方的阿平，隨後觀察到他速度越來越慢，不知道是不是因為被我影響到而小腿抽筋。

在這集團的選手，過了三十公里後逐漸加速，我也開始發力，跑在集團前頭。約莫過了三公里，集團只剩下我與一位在背後氣喘吁吁的選手。

比賽倒數七公里時，自認為已經加速很多，大腿後側肌群隱隱約約有拉傷的感覺，速度不快反降。心裡掐指一算，剩下的路程，只要五公里配16分40秒內，要達標或許還有機會。

「慢了，慢了！」四十公里處的分段配速只有16分53秒，我心裡再度緊張了起來，這速度比先前預估的還要慢上許多，手中握緊的一絲希望，彷彿正隨著手指間的縫隙不斷消逝。

不知是否是下雨的關係，這時間讓心情比天氣還寒冷，雙腳腳底越跑覺得越是厚重，像是睡覺壓到太久才起床的感覺，麻痺到缺乏知覺，大腿後側肌群彷彿像撕裂般的疼痛。

我突然想起，如果這真是如那位長輩所說的「多給的機會」，那麼剩下這2.195公里，才是馬拉松真正的開始與機會的來臨。

我用力擺動著被凍僵地不真實的雙手，企圖找出一點點的力量與肉體存在的感覺，我發現只剩下手肘還在，用盡心力將焦點集中在手肘，讓它在冷冽的風雨中割劃出鐘擺的線條。

進入終點前的體育場，還要再繞操場跑六百公尺，這時大會時間已來到生死交關的2小時16分多，目標彷彿越離越遠似的。

「能達標嗎？」雙手用力擺動，雙腿交叉巡迴，我的思緒一片混亂，失望與希望交雜不清。

剩下四百公尺，分針再度向前一步，隱隱約約聽到遠方傳來許教頭加油的聲音，大概是說著不要放棄之類的話吧。

我沒有辦法清楚了解秒數還剩下多少，全力衝刺、蠻力衝刺、閉眼衝刺、胡亂衝刺，臉部極度猙獰扭曲，心臟瘋狂跳動，彷彿下一秒就能立即從胸腔裡蹦跳出來。

最後一百公尺，我看見時鐘的尾數還沒到達18分55秒。

「還有機會啊！」我使勁的擺臂。

「快動啊！別在該死的最後關頭放棄啊！」

（壓線）

按下手錶停止鍵，我像個短跑選手，在終點線前做一個華麗的衝線Ending。

結束了，一切終於結束了。

我用右手嗚著雙眼，這是過程中第二次吞下淚水，不是十八公里處那種感動的情緒，而是混雜了受到奉獻、恩賜以及一路以來奮鬥的淚水。

來自台灣，編號116號選手張嘉哲。42.195公里，2小時18分54秒完賽，總名次第十八名。

二〇一〇年亞運國手資格，一秒達標。

感謝主。

第六章

跑者的失與得

——無法預測的長跑旅途

「當日子變得不在計畫之中時，一開始有點荒唐，後來卻也會因為不知道隔天會發生什麼事而帶點趣味。」

在高雄國家體育場

一秒逆襲的完美劇本，讓我們回到台灣後，以亞運達標為由，成功申請到前往日本琵琶湖的機票補助。這筆錢對當時的我們來說事關重要，畢竟機票的花費，幾乎就等於此行一半以上的開銷，同時，也因為達標的喜悅和經費補助，讓這件事情就以峰迴路轉的肥皂劇情宣告落幕。

或許，跑步和人生就是如此，你永遠無法預測下一秒會發生什麼事情。

這讓我想起有一年參加國內的曾文水庫馬拉松賽，曾經發生一件身為選手最要命的危機。比賽跑到一半，突然意識有一股強烈的屎意襲來、不斷在我的腸子裡翻攪。我忍著強烈腹痛，心想這狀況如果沒解決，大概也無法繼續跑下去了。左看右看，方圓五百里又找不到任何一間流動廁所。

「該死！要在路邊就地解決嗎？」

「現在是第三名，在這麼下去，爭奪名次大概是無望了！」

「好丟臉，萬一中途被人認出來該怎麼辦？」

沒得猶豫了！我顧不得面子，拉下褲子在附近的水溝解放，在罪惡感中瞬間夾雜一種難以言喻的暢快感。

回到賽道後，不知道什麼原因，不但排位沒有掉出第三名，反倒晉升成了亞軍。進了終點才知道，原來第三名那位老兄，也是中途一半跑到肚子痛。

這真的很有意思，就如同決定前往日本比賽一樣，有時候你得在未知的狀況下做選擇，甚至是做出一個很丟臉的行為，未來的結果是好是壞，不見得是你可以控制的，只是在機會來臨之前，你得先付出些什麼。

這和我一路走來的體悟很像，學生時期，總是專注於長跑訓練，沒得參與那些爆肝的熬夜生活，在不被理解與認同的狀況下，不斷遭人唱衰，並且貼上「固執」的標籤。

學妹陳雅芬，當她還很屁孩的時候曾問我：「學長，你大學都沒有夜唱、夜衝、夜店，大學沒三夜，怎麼算有大學生活呢？」

的確，如果比賽回國飛機延遲不算的話，我在大學時代沒有「大學三夜」的經驗與記憶，也沒有與大學同學之間共同的回憶，那段期間交女友更是經常被甩，甚至後來還因為挑戰奧運資格，錯過好朋友的婚禮。

我不太喜歡用「犧牲」這個字眼，彷彿形容自己是悲劇世界的男主角。因為犧牲指的是一個人不想做，卻又不得不做的事情，例如軍人為國家犧牲生命，他本身不想失去性命，卻為了保衛國家與領土，選擇了這樣的權衡。

跑步是我這輩子最想做的事情，這樣的概念又怎麼算是犧牲呢？也許用投資或付出會比較恰當，希望讓垃圾能夠變黃金，朽木終有一日逢春。

琵琶湖戰役的半年後，原本打算要和佐藤爺爺前往蒙古國，參加六月第一屆蒙古國際馬拉松賽，想說剛好可以來一段成吉思汗之旅，順便見見他老人家。但計畫了半年的行程，就在五月中旬訂機票的前一天，被田協通知要參加六月十三日的中國大獎賽第四站。還真是人算不如天算、計畫趕不上變化，只好趕快寫信通知日本教練這件事情：「抱歉，讓他老人家失望了。」

這次前往中國比賽的項目為五千與萬米，在此之前我的最佳成績分別一萬公尺的30分17秒與五千公尺的14分18秒。五千與萬米的成績，對於一位長跑選手來說具備指標性的意義，沒有一定的程度與水準，自然會影響到半程以及馬拉松距離的表現，例如五千公尺如果沒有十五分半左右的成績，馬拉松再怎麼拼命，也很難跑進二小時半。這也是為什麼在國際田徑總會（IAAF）的官網上，每一位長跑選手的履歷，都會詳細紀錄五千、萬米的成績。

國內五千公尺項目的紀錄保持人，是這次和我同行的吳文騫學長，他在二〇〇二年亞洲運動會上跑出生涯最佳的13分54秒42，也是台灣唯一一位飆破十四分以內的跑者。

萬米項目全國紀錄保持人則是許績勝老師，他在一九九三年寫下的29分12秒01成績，高掛二十多年至今未有後人能破；萬米跑進三十分是一個標竿，對於長跑選手來說也是難以觸及的目標，就如同國內素人跑者以馬拉松三小時當作人生的夢想是同樣的道理。國內除了許老師外，當時僅有吳文騫學長與何盡平是二十九台俱樂部，我則是還在三十分初的大關掙扎與遊走。

既然即將到來的比賽為五千與萬米項目，原本以馬拉松耐力為主的訓練課表，也因為這件突來的訊息趕緊做微調。當日子變得不在計畫之中時，一開始有點荒唐，後來卻也會因為不知道隔天會發生什麼事而帶點趣味。

時間來到六月十三日晚上八點，五千公尺比賽率先登場。大會總共安排三組，吳天王第一組、我第二組。我們賽前都覺得排在第三組最佳，以中國人的性格，第三組才會是最快的組別。

體育場像顆漂亮的爛蘋果，外觀雄偉壯碩，場地內黃沙遍野、跑道偏硬、濃痰滿地。此時天氣有點悶熱，對於選手來說有些不利，不過這種惡劣的天氣，跟高雄相較下真是藍鳥比雞腿。

最後我的五千成績來到14分26秒64、吳天王14分27秒43。結果和預期的一樣，第三組最快，第一組最慢。雖然帳面成績我在吳天王前面，乍看之下好像是我贏了，但是內行人看門道，外行人看熱鬧，大家自己都知道是怎麼一回事。

隔日一萬公尺登場，大會只有安排兩組，這回我和吳天王都在第二組，是非常好的組別。前一天的五千公尺帶來一點疲勞，肉體的電力大約是三分之二，唯獨精神是在亢奮的狀態。

賽前狀況沒有調到最佳，最明顯的證據就是帶黃的泡沫尿。依照往常豐富的比賽經驗，與其收集其他人的假情報，倒不如好好觀察自己身體的變化，身體會很誠實的告訴你很多容易忽略的訊息。

我鎖上廁所的門，蓋上馬桶蓋，趴在馬桶上禱告，願主與我陪跑，為我在敵人面前擺設宴席、讓我面對敵人挑戰時如同參加宴席般的享樂，今日的榮耀將歸於天父。

不知道從什麼時候開始，賽前禱告變成是起跑前最重要的儀式之一，雖然腦海中都會不自覺浮現張叔叔傳來的聲音：「跑就跑，不要滿口『主』啊！對自己一點信心都沒有！」不過沒有主，哪來的自信心呢？

走出廁所，邁向跑道，今天的戰役即將開始。

鳴槍前的等待時間過長，熱身充足到有些腳軟，夜晚的田徑場被燈光照亮像日正當中。起跑前，大家正在討論第一組的選手成績，各省的種子選手正在套招如何跑三十分就好，我聽見後內心直呼正好，你們這些最佳獵物就等著被我宰吧。

起跑後，我們落在隊伍最後方，並不是一個太有利的位置，以前當我與首位選手差距太遠時，都會想要急著跟上。今晚，我確實不太擔心，不知哪來的信心，不管多遠的差距，我都有自信追得到。

我們使用的戰術是：見縫插針跑法。

這個戰術的美妙之處，就在於有人落隊我們就從中佔住空缺，一路慢慢的逼近獵物，最後再露出的利牙，一口氣撕裂對手。

正如許教頭在場邊指導：「有縫就要插」！我們兩人齊心一路插到底，從開賽時的吊車尾追到領先集團，身體竟然順暢到一種奇蹟的地步，這或許是每晚睡前在飯店念聖經給吳天王聽的回報吧。大約過了十五圈，跑在最前頭的選手突然猛烈加速，集團間露出空隙，我們又再度見機插入，真是爽翻了。

在田徑場比賽，我已經習慣不帶手錶，國際選手亦然，因為場地內會有兩個大型的計時鐘，可以讓選手與觀眾可以明確知道目前正在奔跑的秒數，按錶配速在這時顯得多餘。

七十二秒、七十一秒、六十九秒，看著秒數不斷加快，沒想到已經飆破一圈七十秒以下了，這遠超過我平時習慣的配速，繼續跑下去真的能夠讓我撐到終點嗎？釘鞋讓小腿有點疲勞，不過原本三分之二電力的肉體，似乎在槍響後又回充到百分之兩百，這狀況實在是令人覺得弔詭，好到自己都會懷疑為什麼都不會累？

我回想起自己曾問許教頭：「人在狀況好的時候，那到底是一個什麼樣的境界？」

許教頭意味深長地回：「當你跑到全身起雞皮疙瘩，那便是了。」

今晚，身體存在著一種令人毛骨悚然的最佳姿態，流動於噁心又惡劣的跑道上，並且與聖靈同在。

我知道，神蹟即將展現。

倒數三百公尺，一群人排成一排，大家都要搶在彎道前搶到最佳位置，等著最後的直線見真章。在這個關鍵的攻擊時刻，我突然意識到好像少了些什麼。

是的，吳天王人呢？

此時，我已經從第一道併排到第三跑道，回頭一望，吳天王正在我身後游移中，我稍微開了一個小縫，讓吳天王有趁虛而入的機會，他則從隙縫中像道光芒一絲透過。

我沒有示弱於吳天王，因為這是身穿「TPE」的最佳戰術。

最後，一群人飆到天昏地暗、海枯石爛，我早已看不見吳天王在哪，明明他就在我的前方，我也只注意與自己並排的菁英選手，那是看似最近又最遙遠的距離，彷彿存在一道超越不過的高峰。

我心想這一切實在太過美好了，一年三百六十五天、十多年來不間斷的練習，就是為了享受這激情的一刻，我頓時了解到，人生並非只看見失去的，而是你能用雙手抓住過什麼。

此時不禁回想起二〇一一年進入台北市立體育學院，大學四年期間學分超修，也曾以班級為隊伍參加校歌比賽，記得有次代表中華隊到韓國參加國際馬拉松賽，回台灣後立馬提著行李到學校與同學們練習校歌合唱。

大學三年級時，因為空堂時間增加，本來想找個學校工讀，結果誤打誤撞當上通識中心志工與心輔室義工，且成為北體心輔室義工隊的隊長。

我依舊記得大四那年的四月二十二日，我們在金山青年活動中心為畢業生舉辦就業輔導活動，活動二天一夜，當第一天室內課程結束後與晚餐間的空檔，我獨自一人在金山園區中慢跑，享受這種為他人服務來為自己慶生的第一次。

是啊！我從來沒有參加過夜唱、夜衝、夜間狂歡派對，參加聚會吃飯也是我最早離開回家睡覺，不過那又如何？因為那些世俗的活動實在都太無趣味了。

與十三億人口中選出來的菁英選手，軋到終點前拼壓線互幹拐子，那種高潮，世人永遠都不會懂的。

大會時間29分48秒，我終於辦到了。

比賽後的兩個星期，心情仍舊如夢似幻，彷彿剛睡醒的姿態，就像原本多年的朋友突然之間變成情侶的不習慣感。

沒錯，我正式成為萬米跑進三十分俱樂部的一員了！

雖然這個門檻在日本街頭，閉著眼睛隨便抓一個人都可以辦的到，但這個目標我已經期待了四年了。

四年前，第一次跑進31分，達到30分40多秒，眼見30分大關只剩下40多秒。只是很多事情不是憨人想得那麼簡單，用數的很快、用跑的追了四年，後來的比賽不論怎麼努力，頂多就在31分10秒內與30分50秒內閒晃，不管你之前有多大的雄心壯志，這時一定會懷疑自己是不是已經撞到天花板了？

去年中國大獎賽第四站山東，跑出30分17秒讓我發現我的天花板還很高撞不到，今年29分48秒證明我二十七歲還不算太老，只是學弟妹們太年輕罷了！

第七章

月球上的事情

——踏上北韓，達標奧運

「快樂不快樂、重要不重要唯有自己曉得。」

2012 年平壤萬景台馬拉松與計時車合照

奧運，就好像是月球上的事情。從沒想到有一天，它已經距離我這麼近。

曾經有人問我，奧運是不是你從小立定的夢想？我想答案可能會讓人失望。很顯然，並不是。因為小時候對於奧運的想像，實在是太過飄渺，彷彿一輩子觸不可及似的。

記得當初剛開始接觸長跑那段時間，看著奧運馬拉松選手以每公里三分整的配速跑完全程，對比當時我的練習狀況，用這樣的速度跑完一千公尺，今天的課表就已經算是圓滿達成。如果要連續跑完42.195公里，真的無法想像是什麼光景。

這種既定的意象就一直延續到長大之後，直到二〇〇六年，我在廈門馬拉松寫下個人最佳紀錄：2小時17分19秒。這個成績讓我站上台灣馬拉松選手歷代第三位，同時也突破了上屆奧運B標。這時，我和張叔叔才突然意識到：「疑？其實我們好像有能力可以挑戰奧運資格了。」

二〇〇八年奧運在北京舉行，根據當年的標準，馬拉松A標落在2小時15分、B標則是2小時18分。一個國家單場賽事可參賽人數為：A標三人，B標一人，總人數為三人。可產生的組合如下：AAA、AA、A、AAB、AB、B。

以上屆雅典奧運的狀況來說明，吳文騫學長以2小時16分15秒成績達奧運B

標，但B標只能容納一位名額，也就是在截止日之前，如果有人超越這個成績，那就是取「最佳成績」的選手參賽。如果超越的成績突破A標，那麼兩位都可以拿到奧運資格。

可能外界難以想像，這門檻究竟有多麼難以達成？攤開我國歷年參加奧運的男子馬拉松選手，僅有寥寥可數的三人。分別是一九八四年洛杉磯奧運的陳長明前輩、一九九六年亞特蘭大奧運的許績勝教頭，以及二〇〇四年雅典奧運的吳文騫學長。毫無疑問，他們都是那個世代稱霸長跑界的頂尖名將。

有「路跑王」美譽之稱的吳文騫學長，此次一樣會一拼奧運資格，有可能最後會演變成列強爭奪唯一B標名額的局面。不管如何，與其擔心未來的發展，我得先把專注力放在自己身上，先確定能達到奧運B標，再來煩惱後續的事情。

為奧運門檻而努力，是一件考驗耐心的過程，這段時間會過得異常緩慢、睡眠品質不佳，午夜夢迴甚至會不自覺想起白天的訓練。那種心情既煎熬又矛盾，一方面你會認為自己準備的還不夠充分，想爭取多一點的時間可以訓練。另一方面，因為練習的艱苦與疲憊，讓你只想要快點站上起跑線上，把這件事情給解決。

在北京奧運來臨之前，考量到訓練週期與恢復期間，總共一連安排三場達標賽事。不知道什麼原因，先前兩次成功叩關2小時20分大關的我，跑出來的成績差強人意，甚至是一場狀況比一場還差。尤其是最關鍵的一場比賽廈門馬拉松，二十七公里遭遇大當機，身體完全靜止罷工，突然感覺自己肚子好餓、身心極度疲倦，心裡萌生「直接放棄，乾脆坐上回收車」的念頭。

勉強支撐到三十公里後，我終於再也受不了，直接停在水站吃東西。此時路旁的民眾不斷給予鼓舞：「小伙子，加油啊！跑起來、跑起來！」我則是羞愧又自責地難以回報他們的熱情。

最終時間2小時40分36秒。毫無意外，生涯全馬最差成績，比十八歲的初馬還慘烈。

至於此次與我同行廈門的吳文騫學長，則跑出2小時16分05秒，一舉跨越奧運B標門檻，成為台灣首位二度挑戰奧運殿堂的馬拉松選手。這也代表我的北京奧運之夢，希望已幾乎夢碎。

「為什麼沒有跑出應有的表現？」是我與京奧絕緣後，不斷浮現的問號，那種懊惱與悔恨的思緒，持續困擾我好一陣子，或許答案就真如張叔叔名言錄：「你就是沒有聽我的話！」後來，八月北京奧運開跑時，我甚至沒有與大家一起守在螢幕前面，觀看吳文騫學長歷史性的一刻，我忙著懷疑自己的能力，沒有勇氣面對挫敗的自己。

直到同年底，我在佐藤爺爺協助之下，首度於日本防府讀賣馬拉松出賽，最終的結果我想大家也知道了，是2小時17分12秒完賽。

是的，你沒看錯，達到北京奧運B標。

看著大會時間，我像王建民跌倒在一壘時一樣，只是對自己笑了一笑，內心所有的疑慮瞬間雲消煙散。原來，我並不是沒有能力達成，而是我太渴望、太想要獲得了。我們無法責備這個世界冷酷無情，全都是因為自己過分軟弱。

我第一次感受到失敗是一件值得高興的事，四年後，還有一次機會重來。那年，我已屆滿二十五歲，正值長跑選手的第一高峰期，或許下一次就是我能觸摸奧運的最後契機了。

時間接近中午，天色陰沉無雨，我穿著「TPE」比賽制服，站在日本別府大分馬拉松起跑線的第二排。為了這一刻，我足以等待了四年。

二〇一一年八月初，我從甘肅蘭州吸足了兩個月的沙塵暴回台，認真研究「臺灣長跑競技網」轉載IAAF關於英國倫敦奧運可達標的相關比賽，忐忑計畫著如何參加適合的賽事一拼奧運B標，最後選擇了日本別府馬一次拼生死。

很多跑友問我最後為何選擇這場賽事？原因很簡單，一來是日本較為熟識（絕對不是日本動作片看太多的關係），二來是有佐藤爺爺可做內線接應，三來是過去在別府馬拉松參賽的台灣人都跑出佳績。

國內馬拉松紀錄保持人許績勝教頭，是國內唯一闖進2小時15分內的台灣選手，他生涯最佳紀錄2小時14分35秒就是在此創下，至今還無人能破。很有趣的是，許績勝教頭與吳文騫學長兩人，當年之所以能前進亞特蘭大與雅典奧運，都是在這裡取得寶貴的門票，所以日本別府可真是所謂的風水寶地啊！

從國體大張永政教練發表的期刊中清楚記載，雅典奧運時他曾透過中華田協管道，帶領吳文騫學長於二〇〇四年在此跑出佳績，八月底我致電中華田協，希望能獲得協會幫助，複製張永正教練發表的模式運作。九月初我再度心急詢問，結果中華田協傳來否定的消息。

時間迫在眉梢，我立即改變計畫，傳真給日本的佐藤爺爺，請他協助報名與解決住宿問題。隔月，他老人家特地從日本飛來台灣看我比全運會，同時也一併把報名表帶來，危機逐漸露出曙光。

十一月初，中華田協一百八十度大逆轉，並且傳來新的消息，表示可以幫我報名，住宿與交通也全額補助，總算讓整件事情塵埃落定。我心裡想著：「真是好事多磨啊。」

比賽當天，溫度僅有六度左右，體感卻像台灣秋天一樣舒服。我望向右方，看著已年滿七十歲的佐藤爺爺，拿著相機探著頭找尋我的身影。佐藤爺爺過去曾是日本奧運代表隊候補選手，這輩子雖然未能踏上奧運殿堂，不過他曾透露，即使當年與夢想擦肩而過，希望還能以教練的身分，教出許多奧運選手。

此時大會傳來倒數一分鐘的聲響。來了！這些年來，念的、想的一切，都是為了這一槍。這四年之間，從未間斷堅持艱苦的跑步訓練、歷經德國世錦賽與廣州亞運等國際型賽事，實力與心智上已比過去更為洗鍊。

鳴槍後，大隊人馬快速衝出，第一集團超出我的配速計畫，我立刻緊咬住第二集團。錶上顯示的第一個五公里為15分44秒，比原先設定的秒數還要快上許多。我心裡想著：「張嘉哲勇敢一點，只不過比計畫快了那麼一點點，沒關係！」

第二個五公里15分40秒。沿途有些逆風，但我在集團內躲得很好，速度反而拉得更快，不免有後段失速的疑慮。我心裡想著：「快了一點沒關係，不跟著還得獨自破風。」

十五公里，15分45秒。感覺好極了，身體的能量源源不絕，看來今天的表現會很不一樣；二十公里左右是海濱公路，「逆風吹拂」似乎變得更猛烈、道路也轉換成猶如傾斜的高速公路，這時唯有使用水溝蓋跑法，才能使身體不過度歪斜、造成跑姿變化。只不過觀察到分段時間慢了下來，當下果決離開安全的集團出去闖一闖。

二十五公里，16分12秒。途中追上一位日本選手，打算先跟在後頭緩一緩急促的呼吸，就這麼一丁點煞車的動作，左腳掌立刻傳來「噗汁」的觸感。很多人賽後看了我分享的血泡爆裂照片，驚呼：「這一定很痛得受不了吧！」其實人類對痛的知覺是會麻痺。當下是一陣痛楚，過一陣子就只覺得腳掌有東西墊著不太舒服，正如張叔叔名言錄：「痛要使它更痛」，因為痛得更痛就是不會痛。最痛的時候莫過於治療階段，一滴碘酒如此令人痛徹心肺。

三十公里，時間在16分04秒，血泡的位置已經沒有知覺，果然，我就說不會痛了吧！只不過腳底板濕濕的；三十五公里，疲勞開始轟炸身體，我心裡盤算：「只要分段時間還保持在17分左右，達標一定沒問題。」，我藉著減慢速度減緩ATP的流失與等待脂肪轉換成能量，試圖爭取一點體力回復的機會。

四十公里，分段時間已瞬間掉落到17分51秒。飢餓、昏眩、無力、焦慮，心裡所有負面情緒，突然排山倒海而來。俗話說的好：「冠軍使人驕傲，ATP使人謙卑。」，失戀隨著時間恢復傷口，能量隨著時間一去不回頭，就如刷爆信用卡一般，刷過的必定要還的，前十公里的「沒關係」悄悄地如暴風雨般的爆發。

最後的2.195公里，身心已趨近崩潰邊緣，我心裡想著：「啊！還有一點力量就給我跑啊！」，無奈配速已經比我平常慢跑恢復的速度還要慢。緩慢地通過終點後，猶如一條毫無生氣的喪家犬般，一屁股地坐在田徑場的草皮上。

佐藤爺爺將我的背包拿了過來、同行的黃文成教練為我批上外套，但我卻毫無心思招呼，只覺得肚子好餓、身體疲軟，一心一意地尋找我的能量果凍。

大會時間：2小時19分24秒，倫敦奧運殘念。

從日本回來台灣後，這條奧運的路，我真的不知道該如何走下去。四年前的挫敗，如今又再次上演。

幾個月前我讀了教會推薦的《你是為此而生》一書，裡面正好有一段談論夢想的章節，上頭寫道：「我將你造在腹中，我已曉得你。」

原來，上帝早就把夢想放進我們生命之中。

我相信跑步是上帝給的動力、奧運是上帝給我的夢想，滿心期待這次一定會達標成功，這讓我準備奧運的緊張心情頓時轉為振奮。

最終，二月日本別府大分馬拉松末段崩盤，再度與奧運擦肩而過。回到日本下榻的飯店，我失望地坐在書桌前，望著鏡中的自己，我問：「這不是上帝給我的夢想嗎？為什麼又將這一切奪走呢？」好不容易擁有再次的達標機會，卻又面對不斷的未知與挫折。

此時，距離達標的截止日期，已經剩不到六個月的時間。我的好戰友們包括「臺灣長跑競技網」站長群洪國智、張仕穎與中華田協國際組組長鄭世忠，陸續私下傳來訊息，提供一些目前能夠扭轉困境的方案，並慎重的提醒我：「時間不多了，得趕快做決定！」

現在想起來，很感謝他們在我心情低落時伸出援手，但當時我的心思很混亂，無暇去思考下一步該踏上何方。

三天後，劇情急轉直上。

中華田協突然來電通知，表示我在日本的成績達到北韓「平壤萬景台馬拉松賽」邀請標準。毫無疑問，這是一場由IAAF認證的達標賽事。

蓋上手機，我微笑對著空無一人的房間說：「上帝啊，您真是調皮啊！」

好了，這下有趣了！如果用遊戲來比喻，就是系統突然給你一次續命的機會。剩下兩個月，要在如此短暫的時間內執行休息、恢復、訓練、賽前調整以及備戰，不僅太過匆促，另外一個隱憂是：北韓馬拉松資訊封閉且匱乏，甚至沒有所謂的官方網站，根本毫無釐定戰術計畫的空間。

不過即使感到恐懼、慌亂、壓迫、模糊不清，但每次只要想到上帝的安排、眾人對我如此的厚愛，心裡還是對手中握有的「最後一次機會」感到珍惜。

有學弟私下跟我說：「學長，你訓練的眼神整個都變了。」

我問他說是什麼樣的眼神，他也說不上來。可以確定的是，二個月後，我即將面對人生中最關鍵的一場比賽。

賽前二十五天，危機再度到來。我因為急功近利，一下子把訓練強度拉得太高，中了許多跑者聞風喪膽的「足底筋膜炎」，逼得我非得在緊要關頭被迫停止訓練，就連天晴也都令我感到無比鬱悶。無獨有偶的是，賽前十天，天氣溫差變化劇烈，不小心得了輕微感冒，不時得咳痰、擤鼻，對於肺部功能極為重要的耐力型運動員來說，又是一件雪上加霜的事。

還是講點令人開心的事情好了，出發前三天，午餐的水煮蛋還在咀嚼，樓下突然傳來郵差吶喊的真男人包裹，打開一看原來是學弟魏振展送來的補給品。雖然說我早就已經準備好了，但這遲來的心意，總算驗證十幾年來沒有白疼的喜悅。

但在看完這位曾是北體書法社社長的親筆信後，我心中生出了一個無解的疑問：「為什麼要特地花錢，寄過期的能量包給我呢？」

時間來到二月六日，在中華田協秘書長等人的陪同之下前往北韓。不管你從何方來，想一窺「朝鮮民主主義人民共和國」的究竟，一定要先至北京轉機，才能順利進入神秘的國度。

抵達北韓後，映入眼前的是冗長的飛機跑道，再加上一個室內游泳池大小的臨時候機室，還有幾位一定會說中文的海關人員，這裡到處看來都有情報人員的氣味。在臨時候機室時，發生了一件意外的插曲，我們一行人雖然平安抵達北韓，就唯獨「參賽選手」張嘉哲的行李箱失去蹤影。緊急連絡了地勤人員，明明會說中文的接待員，硬是要說英文，大家就這麼胡亂猜了老半天，我想行李箱大概還在北京吧。

留下資料給地勤人員後，我抱著不樂觀的心態。因為熟悉的東西不在身邊，一股不安全感一擁而上。我只能要求自己謹慎、保守，至少還有比賽裝備可以參加比賽。從小張叔叔教我，比賽的服裝與鞋子要背在身上形影不離，想不到十五年後，這個觀念竟然成為我保命的一根浮木。如果大老遠飛來北韓，連跑都沒跑又飛回去，我還真想捏爆我的LP！

沒有行李的麻煩，第一個首當其衝的問題就是替換衣服，前往飯店的路上，詢問了一位會說中文的翻譯，結果飯店附近沒有衣服可買。想一想，反正一件臭皮囊，最壞的打算就是四天沒有換衣服。只是不解的是，為何劇情總是如此峰迴路轉、急轉直下，第一次行李被弄丟，就這麼要命地發生在人生最關鍵的一場比賽？

不知道未來還會有什麼更荒謬的事情等著我？

賽前一天，出門慢跑活動筋骨，在沒有運動長束褲可換的情況下，只好將比賽短褲，穿在發熱材質的長內褲外面。秘書長借了我一件日本N牌的長袖T恤，我想這種特殊情況NIKE應該不會計較才是。

北韓沿途所見，真的如書中描述的一般，路旁總有民眾正在勞動種樹，小學生也在行列當中；街道相當乾淨，四處都有手繪看板、國旗與標語，很像台灣的選舉時期。沿路看見刻寫在牆上的標語，雖看不懂韓文，但總有一種親切又熟悉的感覺，好像在中國也有很多類似的，在高雄左營的國訓中心裡也有一塊。

內陸的乾旱，使得四處都是黃沙遍佈，原本應該翠綠的樹梢，也如同遮上一片黃褐色的濾鏡。民眾的服裝偏向大地色，不知是政府發給的，還是大家自己挑選的？鮮紅色與桃紅色，只有在年輕女孩身上才能發現，中年以上的婦女的服裝又回歸於深沉的色調，或許這樣勞動的時候，弄髒了衣服可以比較看不出來。

大家都穿統一色系，其實並不會讓我覺得唐突，因為前一個月教育局來學校做第二次評鑑，全班統一穿上黑色西裝或套裝，但是為了滿足我個人內心那小小的反叛思想與自由的慾望，我穿了一件絕版超過十年的米白色北體校服到校，心中仍然充滿疑問，校服早已絕版，為何集權還留在人心？

北韓街景像是台灣八〇年代，或是乾淨版的中國內陸城市，還好我一身勁裝也是八〇年代的風格，一點都毫無違和感。最重要的是，因為已經沒有衣服了，跑完後還要把這些服裝穿在身上。想一想，反正女生口中的「臭男生」已當了二十九年，反正也無所謂了。

在大家關心的生活方面，北韓痛恨美國資本主義入骨，五星級飯店雖然有賣可口可樂，但我買了兩罐都是過期，顯然可樂似乎專門提供給外國遊客，而非本地人。當地能源的有限，則是令我感受深刻，飯店一天有時跳電五次以上，服務生一臉無所謂、習以為常的持續工作。飯店內的的燈光也相當昏暗，走廊的燈泡為了省電也關掉了好幾盞，四台電梯只運轉兩台，暖氣也只有房間裡才有，到餐廳吃飯就得穿上外套與毛帽禦寒了。

不過，其實來到這裡，沒有太多適應的問題。北韓四月天氣涼爽、乾燥，是一個非常適合創造馬拉松佳績的氣候，除了每天早上一定會被靜電電到之外，其他的生活習慣與環境，或是五星級飯店沒有熱水等意外，先前在中國集訓早已免疫。結束完一天的訓練，我在床上看著鳳凰衛視等著七點的晚餐。門房響了，我心想是誰，吃飯時間還沒到啊？難道是特殊服務？開門的剎那，我激動的表情嚇壞了替我找回行李的工作人員，害他尷尬的只能傻笑。

是的，我的行李回來了！

消失二十六個小時後，終於在賽前一天及時趕到！檢查裡頭的盥洗衣物、補給品都安然無恙，禱告謝恩完的第一件事，就是換下全身的衣服，包括連拖鞋也換得乾淨，人生中第一次看見行李箱，會大聲尖叫大概就只有這次。

比賽當日，陰天、微風、體感涼爽，是一個適合跑馬拉松的絕佳天氣，賽前特地理了一顆大平頭，證明誓死而歸的決心。我抬頭望著被薄薄雲層遮住的陽光，心裡想著：「昨天不是萬里無雲的超級大晴天嗎？」冥冥之中，我似乎明白些什麼。

賽前三十分鐘，選手入場。體育場內坐了六萬人滿場觀眾，享受真的有六萬人，而不是謊報十萬人參加馬拉松的掌聲。這種場面實在是太震撼人心了，如果國家體育場是戲稱的五月天主場館，那我大概就是北韓五月天了吧！

怪不得北韓一堆馬拉松成績達2小時20分以內的男子選手與2小時40分以內的女子菁英，也不愧是拿過世界田徑錦標賽馬拉松金牌並打入世界盃足球賽的國家。雖然朋友都說這些人是因為被動員才來看比賽的，但是在台灣也常被動員看長官，我依舊融入與享受在這樣的氛圍之中。

比賽即將開始，選手們陸續就位。在起跑線等待的瞬間，心情總是難以平靜下來，就如「路跑王」吳文騫學長名言錄：「你不是我，你永遠不知道站上起跑線對我來說有多重要。」，我想大概就是這個道理吧。

鳴槍後，大夥拼了命的往前衝，產生一股混亂的氣流。北韓選手的舉止相當規矩，在起跑線上並不會推擠，不過起跑後就不是如此，和剛才循規蹈矩的氛圍有極度反差，我在互相推擠之中勉強找到一條生路。大約一公里後，人潮逐漸散去，第一集團恢復平靜，以有規律的步伐集體前進，準備好朝向環繞平壤市區內四圈的城市馬拉松。

在北韓這個封閉的國家，擁有出國機會的只有兩種職業：第一是政府官員，第二是運動員。換句話說，運動員在北韓國民心目中享有極高的社會地位，他們自然也拼了命追求卓越。你可以從北韓選手的氣場感受到：他們真的是來玩命的！絕對不是在開玩笑。相對之下，我們「只不過」是來達標奧運，一開始出發的動機就明顯不同。

根據「臺灣長跑競技網」統計，台灣頂尖男子選手在2小時15分到20分之間卡關許久，北韓男運動員早於一九九六年，就已經在那個要核子不要褲子的朝鮮國內跑出2小時10分的成績。當然，這可能牽涉到濕度與溫度，對於排汗率與心跳率的關係。只要稍微了解亞洲馬拉松各國家成績的趨勢，大概都會發現，台灣以北的國家，馬拉松成績比台灣以南的國家還要好，台灣正好卡在不上不下的中間。

第一個五公里16分02秒，是很理想的起步速度。北韓選手配速相當穩定，因為教練就騎著打檔車在集團旁邊喊秒配速，裁判視若無睹。到達第一個水站時，選手紛紛轉向內線試圖搶個好拿水的位子，突然人群中衝出幾位拿著水瓶的北韓民眾，頓時嚇了我一跳，隨後才發現他們是要幫自家選手遞水，但裁判依然視若無睹，眼前的景象令我體會到一件事：「到底什麼才是對的？」

第二的五公里15分24秒，這個階段緩下坡居多，沿途通過一個路面不平的隧道，接著又回到體育場前的凱旋門。各國的教練都在這裡等待與宣達配速及戰術，所以打檔車並沒有在此路段出現。

十五公里到三十公里之間，身體狀態良好，絲毫沒有不舒服的地方，途中發覺前半段配速過快，立刻改變戰術混入第二集團，持續保持流暢的感覺，事後看來是很明智的選擇。

來到馬拉松關鍵點三十公里，菁英選手多半會在這裡離開集團，以自己的配速獨跑，為了避免二月別府大分馬拉松的重蹈覆轍，以達標為主要優先，直到三十五公里後才單飛出第二集團。

倒數2.195公里，我望著手錶上的時間：2小時08分，心裡總算鬆了一口氣，就算我這裡失速，也可以安穩進入終點。或許就是這麼一個突如其來的轉念，身體的緊繃感反而消失，疲累也消弱許多，步伐邁開且穩健，體內有一股源源不絕的能量正在四處流動。原來，是壓力鎖住了我，並不是能量包吃了兩包的關係。

進入體育場後，路面從一般的柏油路轉進PU跑道，頓時有一種力量被地面吸收掉的感覺。只剩下最後四百公尺，誰還管的了這麼多呢？又再追過兩位選手，準備迎接進入終點的喜悅。

眼看時間確定達到奧運B標，雖然不知道自己是第幾名，興奮地高舉雙手振臂歡呼，讓幾個月來累積的壓力與無助感全都宣洩而出。不知道裁判有沒有覺得我這第七名，到底在自嗨個什麼勁？

事實卻是如此，快樂與重不重要與否，也唯有自己才能曉得。

終於，那位一心一意只想逃離補習班的固執男孩。從永和跑到貓空，從日本別府跑到北韓平壤，真跑到了那個從沒想過的世界殿堂。

人生如同馬拉松般，不到最後一秒鐘，永遠都不知道答案。即使深陷泥沼，兩隻腳都踏進去，不代表不能再拔出來。

大會時間：2小時16分06秒，達倫敦奧運B標。

我，張嘉哲，終於辦到了！

第八章

揭開奧運的神秘面紗

──包容與珍惜

「42.195公里的距離很漫長、很煎熬，不過唯有跑步的時候，才能讓我感覺到自己是真真切切地活著。」

2012 年倫敦奧運最受歡迎的麥當勞

在出發前往英國倫敦之前，媒體大肆報導目眩神迷的「淫亂選手村」，不斷深鑿有如無底洞般的好奇心，彷彿即將前往傳說的金銀島挖寶盜礦，早已讓人迫不及待，想要盡快揭開奧運的神祕面紗。

七月二十二日上午七點，在張叔叔與屠阿姨的接送下抵達桃園機場，大廳早已擠滿大批人潮，除了中華台北奧運代表團一行人，現場還有媒體記者與大批親友，舉著加油看板為選手打氣。現場快門聲從未停歇，氣氛好不熱鬧，我們就這樣帶著眾人的期待與祝福之下離開國門。

其實從北韓達標奧運資格至今，新聞採訪的邀約不斷，受到外界的關注也是有史之最。朋友們陸續在Facebook捎來恭賀的消息，不過更多的朋友是不懷好意，在我的動態牆轉貼「淫亂選手村」的新聞，或是要求外帶奧運LOGO的保險套。看來除了42.195公里的比賽之外，似乎還肩負了不少神聖的使命。

倫敦的時間與台灣相隔八小時，歷經了十六個小時的飛行與一個半小時的巴士，當地時間依舊是七月二十二日，長途的旅程令人疲倦，我們拖著疲勞的身軀抵達選手村，時差使我的身體感覺僵硬與不協調，一整天頭腦都昏昏沉沉。距離比賽還有三個禮拜可以調整，希望可以儘早適應時差。

晚間，參加倫敦奧運會的開幕典禮，從選手村步行到俗稱「倫敦碗」的奧林匹克體育場，沒想到距離不到一公里的路程，居然花了將近兩小時的時間才走進主場館。一路上大家邊玩邊拍照留念，也和路旁的民眾一起尖叫、擊掌，第一次感受到簽名簽到手痠的滋味，如果以後再也嚐不到該怎麼辦？

最讓外界好奇的奧運選手村，其實基本上就是社區型住宅，內有餐廳、重量訓練室、健身房、交誼廳、紀念品店等設施，房間內的坪數並不算大，只能容納兩張床，與一般宿舍相差無異，等到賽期結束後，這裡將會轉售給英國民眾。

選手村內的交誼廳有各式各樣的遊戲活動，是一個可讓運動員與團隊職員放鬆心情的好地方，也是一個讓各國選手交流與分享的空間。我喜歡坐在吧台前的沙發上閱讀，不僅有免費飲料與最新的報章雜誌，更能享受輕柔的音樂帶給我內心的沉靜。在飲食方面，飲料與餐點都是無限量免費供應，有各國的料理提供運動員做選擇，也特地安排了依各種宗教信仰的特別餐點，滿足大家的需求。豐富的水果與飲料更是多元化，可以依照自己的飲食習慣做挑選。我最喜歡品嘗有異地風味的印度料理，但是麥當勞還是運動員們的最愛，櫃台前總是大排長龍。

出國比賽的優點就在這裡，你可以藉由生活上的細節觀察各國文化，如果不來

到這裡，你永遠也不會知道，原來全世界最頂尖的運動菁英，其實也是會吃垃圾食物的。另外，像是我們這次與日本選手住在同一棟宿舍，就會發現日本人處理事情的縝密性。

在電梯內的牆面，貼上各種運動員所需資訊，選手就不需要再跑到團本部去詢問浪費時間。除了提供園區內各種地圖，也提供園區外通往各地點的交通路線，甚至連餐廳配餐地圖都有，只要按著地圖指示前進，就可以神奇地組合出一頓懷石料理，對運動員的照顧可以說是無微不至。社區內中央是Victory Park，歐美運動員相當喜歡在這裡躺在草皮上聊天曬日光浴。我則是對於園區內的草地範圍感到很歡喜，四處都有柔軟的草地可以奔跑。舒服地跑在陽光底下，踏著波浪般的草地穿越過慵懶的人群，馬拉松訓練變得好不愜意。

奧運選手村內高手雲集，平時只能在電視與網路上看到的，但在這裡四處走動或是到餐廳吃飯，都有可能遇見野生的世界級運動員，這個時候當然是抓緊機會，與各國的優秀運動員合影留念。例如英國長跑名將Mo Farah、美國八百公尺王者Nick Symmonds以及被記者評比為奧運第一美女Leryn Franco，特別是在中庭散步時偶遇俄羅斯球后Maria Sharapova，第一次親眼看到她本人，我興奮得差點跳了起來。只不過她的個頭還真高大，即使拍照時特地配合我的高度，還是高過我半顆頭。

選手村外的巴士站，是整個區域中最忙碌的地方，通往各個項目的比賽場地與訓練場地都在此集合搭車。巴士站管制的非常嚴格，必須依選手證上標示的競賽項目，才能搭該項目的巴士，例如我是田徑選手，只能搭乘通往田徑的訓練與比賽場地，我不能搭沙灘排球的巴士去 Horse Guards Parade 拍張照片紀念倫敦一遊。

但真正體驗到自己原來真的是一位奧運選手，其實是出了選手村才開始，民眾聚集在 Stratford 地鐵站，只要看見穿著有奧運五環標誌隊服的運動員，就會上前去要求簽名與拍照。尤其是小孩子，更是迫不及待、激動的跑過來與我們握手擊掌。有次下車前，我們送給他們一個中華隊徽章，小朋友們馬上就別在身上，還到處向朋友炫耀，讓我們感受到在台灣不一樣的重視感。當下徹底頓悟到：為什麼台灣藝人都要戴著墨鏡出門？因為僅僅一小段的地鐵路程，都讓我們想穿著便服出奧運選手村，以免耽擱了班次時間。

這樣的體驗在任何比賽中都是鮮少有的現象，在台灣只要運動員成績不盡理想，肯定又會被說成浪費人民的納稅錢。在英國，大家讚嘆我們的勇氣無與倫比，更有趣的反差是，台灣的年輕女生總覺得我每天都在跑步太過於無趣，英國的姑娘卻每天都對我微微笑。

來到這裡的一個星期後，我的好兄弟魏振展從台灣飛來英國倫敦，為了替他辦理進入奧運選手村的貴賓證，我一共跑了四趟中華隊團本部。第一次是去詢問如何辦理手續，第二次是大拇指指紋出現在護照照片上不合格，一連傳了三次才成功，護照搞定後還要排隊。搞得團本部裡的工作人員大多都認識魏振展，我忍不住想：「沒參加奧運的選手，比參加奧運的還紅，到底是怎麼回事？」

奧運選手村出入管控嚴格，如果想要帶親友進入參觀，得經過層層手續，每一天、單一國家隊還有限定名額。最後終於排到八月一號的時間，上午九點至下午九點。會面當天，先是結束完清晨的訓練，和魏振展約了上午十一點在選手村旁的Stratfordt車站集合，正好巧遇台灣蝶泳女將程琬容，也要帶她家人進村參觀，我們四人就一起成行。

一般民眾進入奧運選手村關卡重重，先要在一個入口小帳棚確認身分一次，再通過金屬感應器與X光掃瞄機，才來到Check in的地點，並且用護照做抵押，最後才能順利拿到一張手寫的卡片，進入神秘的禁地。我拿著千辛萬苦爭取到的貴賓證，有禮貌地對著關口的管理員說：「Check guest pass，please.」

這時，魏振展迫不及待用一個誇張的表情與口吻大聲說：「張嘉哲烙英文欸！」對啦，雖然我很討厭英文，難道我要看著管理員說著字正腔圓的中文嗎？這個揶揄讓我想起昨天的美好記憶，我在選手村的紀念品店買了一個奧運桂冠的銀墜：墜子價格二十五英鎊、加鍊子則要八十五英鎊。

女店員不經思索說：「Eighty-five」，但我卻聽成「Twenty-five」。等到她把商品拿出來後，我又詢問了一次，才發現原來我真的聽錯了！

我說只要二十五鎊的就好，然後補了一句：「Sorry! My English is very bad.」正妹女店員很貼心的回應：「HAHA! My Chinese is very bad.」，

如果在台灣，我的「菜英文」會被魏振展嘲笑，在國外反而能得到很多諒解。

英國的英文帶著一種磁性的法國音調，就算聽不懂也覺得有一股吸引力，然而最有趣的是，來自世界各國的隊職員與運動員們，都混搭著自己民族裡的獨特口音，在奧運選手村中，沒有人會取笑對方的口音或是發音不標準，大家都努力的述說著，真誠的希望認識來自世界各地的對方。倫敦市區雖然街道狹窄，但民族多元化卻是出奇的多，似乎倫敦人也對與其他民族的差異性體驗習以為常，就算我在路上用不標準且只有單字湊不齊片語、錯誤的文法問路時，倫敦人依然會很有耐心的

聽我說並且慢慢的為我回答。

進入奧運選手村後第一個景點就是奧運火炬，每次經過這裡，一定有相當多人在這裡排隊等拍照，進選手村內也有相當多的小孩子，都是運動員或是教練的家屬，也有男女朋友散步在其間，處處都是美麗又和諧的畫面，奧運精神裡的美好與愛就在選手村內表露無遺。

接下來在奧運選手村的時間，我變成導遊兼攝影師，四處帶魏振展去參觀與拍照留念，最重要的高潮，當然是帶他去選手村的Buffet餐廳吃飯。選手以外的成人，飯票一個人要付二十英鎊，大家都勸我不要買票，教我從裡面外帶麥當勞給他吃就好，但仔細想了一會兒，都從地球另一端飛過來，不請他進去嚐嚐看也挺可惜的。畢竟有些餐廳現在不吃，以後就沒機會吃了，就當作請他吃一次高級料理好了。

八月三日，也是來到這裡的第十天，奧運田徑項目開始比賽，中華隊今日也有四位選手參賽，其中鉛球選手張銘煌寫下台灣田徑新歷史，繼紀政與楊傳廣之後第三位進入奧運決賽之選手，可說是難能可貴；舉重女將許淑淨則是為中華隊拿下一面銀牌。

比賽倒數一個禮拜，中華隊的比賽陸續結束，只剩下跆拳道、舉重以及馬拉松，其他項目的選手陸續動身返回台灣，下午替隊員們餞行、離別依依，看著他們手提大包小包的戰利品，似乎大家都滿載而歸、開心回家去。房間只剩下我空蕩蕩的一人，繼續獨自奮戰倫敦奧運。

倒數兩天，大會特別派專車巴士，帶著馬拉松選手們觀察比賽的場地與路線。再過不到四十八個小時，我即將踏上電影裡才看得見的城市，與眼前這群來自世界頂尖的運動員，於這美麗的倫敦市裡一較高下。古老的城市讓微風刻畫著艷麗的氣息、運動員之間的較勁使得勝負更顯現實，美麗與殘酷呈現極度對比，如同在盛開的櫻花下，視死如歸的武士們一決勝負。

我已準備就緒，壓軸即將登場。

地點轉移到台灣本島，對於大多數的台灣人來說，隨著跆拳道項目的結束，二〇一二年奧運也宣告落幕，「一日奧運迷」回歸到正常的作息與工作崗位，國內討論奧運的走向也瞬間轉入檢討階段。在這之中，幾家媒體以小篇幅報導「苦等二十天的張嘉哲終要登場」，好像試圖提醒大家：「嘿！奧運還沒完，還有選手還要出賽呢！」

事實上，等待一直是我的專長，這場夢我已經做了十五年，區區二十天的等待，又能算得上什麼呢？

一九九五年愚人節，我對著張叔叔說著我一輩子想做的事情，長跑是我一生選擇的志業，縱使不被外人所理解，被貼上「固執」的標籤。付出自己的時間、付出大學最好朋友的婚禮、付出與家人相處的時光。這禮拜是父親節，我卻還留在他鄉為奧運而戰。的確，奧運的光環人人羨慕，而我一生卻不知遺失了多少個父親節了？我想，盡全力比賽也算是給父親最好的禮物了吧！

還有和諧長跑俱樂部的阿伯們，你們從小看著我長大，看著我從懵懂無知的小屁孩，一路跑到這裡。小時候家裡，沒辦法負擔我多套裝備，你們總是私下把平時較少穿的日本製跑鞋塞給我。

還有在天堂的奶奶，我帶妳來奧運了。

最後，要感謝我親愛的朋友，我對大家感到抱歉，已經沒有奧運LOGO的保險套，只有白髮蒼蒼對我微笑的奶奶志工，我會繼續加油與努力，下一屆我一定要替大家拿到！

倫敦時間八月十二日上午十一點，站在運動員最高殿堂的奧運起跑線上，一百〇五位來自全世界的長跑菁英屏息以待，等著奧會裁判鳴槍的那一刻。眼前如夢似幻，一切都太像電影場景，在我回過神來的那一刻，導演已高喊「開麥拉」。接下來，就是演員們奮力一搏的完美演出。

42.195公里的距離很漫長、很煎熬、不過唯有跑步的時候，才能讓我感覺到自己是真真切切地活著。

沿路上的英國觀眾、台灣華僑及台灣留學生都非常熱情的吶喊，不管我離金牌多遠，他們都對我抱以有如冠軍般的熱烈掌聲，甚至一度讓我有以為自己是冠軍的錯覺。因為他們的加油打氣，使我能一路帶著微笑跑回終點。

終點前的真男人POSE，你們都看到了嗎？

來自台灣永和，Chia-Che Chang，2小時29分58秒，第七十七名。

我完成了與自己的約定：一路保持笑容，直到比賽結束。

第九章

遮水門事件

——不要為我感到抱歉

「台灣的體育一直以來都有很多要加強的部分，在這還須努力的時期，與其哭泣不如不斷的繼續Transition。」

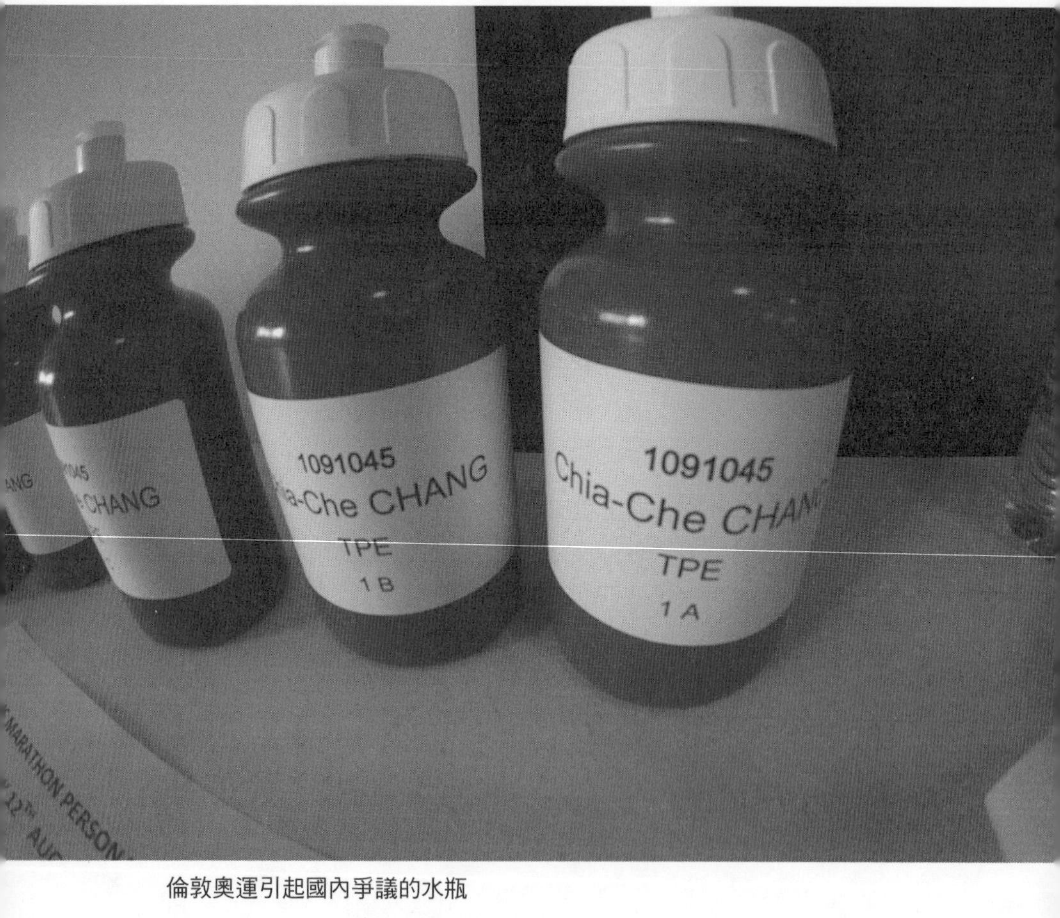

倫敦奧運引起國內爭議的水瓶

有句話說得好：「真正馬拉松的起點，是在馬拉松之後。」對於許多人來說，真正認識張嘉哲的馬拉松之路，也是在奧運之後。

是的，現在要講的故事，就是紅極一時的「遞水門事件」。

事件的發生要先從一位在英國攻讀設計的留學生說起，當天是倫敦時間八月十二日上午十一點三十分，她正緊守著電腦螢幕，準備為台灣最後一位在奧運出賽的選手加油。

此時，領先群已完成九公里的賽程，陸續抵達水站。奧運的水站和一般熟知的路跑賽有所不同，各個國家有一張專屬的桌子與旗幟，允許有人在水站遞水給選手，奧會也會事先詢問各國教練，是否安排工作人員替選手遞水。

在畫面中，她見到各國在自己的水站都有指派工作人員駐點。然而，中華隊的水站則是空無一人。

「為什麼沒有人協助遞水？」她心裡感到納悶。

於是，她立即把畫面截圖，放在個人的Facebook，寫下這麼一段話：「我看到這幕都要哭了！台灣的桌子，是唯一一個沒有任何服務人員，沒有人遞水給選手，選手還要自己跑過去拿……不早說！我一定去幫忙！這畫面太感傷了！看看其他攤位多麼熱鬧，我們看起來就像是世界遺棄的角落……」

毫無意外，這張關鍵性的截圖，讓台灣民眾的情緒瞬間在社群媒體引爆。

時間回到比賽前的四十八個小時，隨著跆拳道項目結果出爐，幾乎已確定此屆奧運，中華隊將以一銀一銅的成績作收。

回顧八年前的雅典奧運，跆拳道好手陳詩欣與「台灣戰神」朱木炎，為台灣摘下奧運史上七十二年來第一面正式項目的金牌，當年更破天荒帶領中華隊奪得兩金、兩銀、一銅的歷年最佳成績。

四年過去，背負著外界的期待，中華隊在北京奧運僅繳出四面銅牌的成績單，寫下了近五屆以來的最差成績，體育署經過多番的討論與省思，希望能在四年後的倫敦奧運谷底反彈。

如今到了倫敦奧運，中華隊僅靠舉重名將許淑淨與跆拳道好手曾櫟騁分別搶下一銀一銅，雖比上屆多了一面銀牌，但獎牌數卻少了兩面，這樣的結果恐怕難以說服外界。時任體委會主委（現為教育部體育署）戴遐齡在接受訪問時沉痛表示：「為了奧運，我們給了選手們『鑽石般』的待遇，要錢有錢、要資源有資源，但結果卻和外界預期的落差很大。」後來更暗指賽前備受期待的中華射箭隊與跆拳道「漂亮寶貝」楊淑君的表現不如預期。主委戴遐齡此話一出，立刻在國內引發軒然大波，有部分民眾同意戴遐齡的觀點，認為中華代表隊的確表現不佳，但絕大多數的民眾則是感到憤怒，認為戴的說法，無疑是把責任一乾二淨的推到教練與選手身上。

沒想到，爆發爭議後的兩天，一張空無一人的水站截圖，又在社群媒體火上加油，成為「鑽石級待遇」的最佳燃料。這張照片就猶如燎原大火，瞬間引起國人的關注與熱烈討論，不到六個小時的時間，貼文就已累積多達近四千次的轉發分享。在這敏感時機點，輿論如同病毒式般迅速擴散，新聞媒體自然不會放過這塊可口的肥肉，以聳動的標題質疑：「這叫『鑽石級待遇』？為什麼沒有人幫張嘉哲遞水？」

此時，外界一方面將憤怒的矛頭指向主委戴遐齡，另一方面就等待男主角張嘉哲如何出面回應。剎那間，全世界都在等待張嘉哲本人出面回應，但他人呢？說來好笑，這時候我仍悠哉地在選手村餐廳吃飯，尚且不知道外面的戰爭已煙硝四起。幾個小時前，我才在近三十度高溫的倫敦街道上，完成人生中第三十二場的全程馬拉松。結束完媒體的採訪，我微笑走出採訪區，接受中華隊隨隊物理治療師與防護員的肌肉按摩，接下來該做的事情，就是打電話跟張叔叔與屠阿姨報平安。返回選手村的路上，別無他想，只感覺自己又餓又倦。第一個念頭就是回選手村盡情地大吃大喝。

過沒多久，電話來了，是一位成熟男性的聲音，語氣凝重的程度，讓我覺得有一種山雨欲來的不安。他在電話中對著我說：「現在發生的事情你應該都知道了吧？戴老師（主委）平時也很照顧你，拜託你幫個忙替她澄清一下吧！」這位男性是運動圈的一位前輩，與戴遐齡關係甚好，顯然是希望我能出面平息這場風暴。不過事件爆發當下，我真不知道到底發生什麼事情，理所當然也沒有意識到議題發酵的嚴重性。

走回寢室，打開特地為了畢業論文，帶來倫敦的筆記型電腦，先是看完那張在網路上瘋狂轉發的截圖，接著將每一條留言大致瀏覽一遍。幾位網友接連憤怒寫道：「看到沒人遞水那幕真的會哭，你那麼努力卻……」、「真的很可憐」、「整個有股淡淡的哀傷」。我看完心裡有些惱怒，倒不是無人遞水讓人氣憤，而是只有一張桌子的照片，也可以被轉貼五千次，就算把我所有的比賽照片與真男人日記轉貼數量加起來，也是遙不可及的望之興嘆。

這時候，腦中的思緒再度被打亂，江總教練輕敲了我的房門，客氣地提醒我：「嘉哲，現在報的新聞你大概看一下，可能要麻煩你『稍微』做點回覆。」我明白他的意思，顯然總教練剛才已受到不少關切，加上我沉重的眼皮幾乎快要闔上，看來是該快點把這件事情搞定才是。要回應什麼好呢？記得當時我的粉絲頁人數也不過幾百人，我心想不管寫什麼，大概也不會有什麼人看吧？就帶著疲倦的精神狀態，留下這麼一段話：

謝謝各位鄉民們的愛戴，十一年來的馬拉松比賽共三十一場，從來沒有人在比賽中替我遞過水，我已經習以為常，突然在比賽中有人替我遞水我可能也不太習慣。田徑隊也只剩下我與總教練兩人，其他比完賽的隊友，也都先回台灣了，在人手不足與自己的生涯習慣下，就跟大會表示不會有人去個人水站遞水，也不是只有TPE沒有人遞水，完全是看運動員的習慣。

台灣運動員的參加人數過少，能夠有的服務人員人數相對地也打折扣，但防護員人數與品質一直保持在最優良的程度，體委會與奧會人員也一直替我們服務與翻譯，魏振展能在奧運村替我加油，也是因為團本部的幫忙。

台灣的體育一直以來都有很多要加強的部分，在這還須努力的時期，與其哭泣不如不斷的繼續Transition，謝謝大家的支持與關心，我真的玩得很開心。

套一句費德勒說過的話：「不要為我感到抱歉。」

這次三週的奧運是我生命中最開心的三週，感謝上帝，也感謝妳／你們，更感謝台灣留學生的尖叫。將榮耀歸給上帝，將我的正妹照片歸給妳／你們，阿門！

關於說話的技巧，張叔叔只有小學畢業，從小沒教我什麼，更沒教會我英文，害我把不到金髮美女，但他卻經常耳提面命，交代我做人一定要誠實。也因為這樣，人們對於我對於「遞水門事件」的說法，有高EQ的讚揚，其實我真的只是說實話，沒有替任何單位做解釋。

事件主角是八個猶如藥罐的紫色水瓶，小巧玲瓏的它們想不到有如此不同凡響。比賽前一天，江總教練替我搶回個人水站的水瓶。各國教練擔心大會準備的水瓶不夠，真的是像難民一樣，用搶著拿水瓶。我裝好特製的運動飲料，送至大會的集中地點。工作人員說明，如果隊職員要前往水站區，得跟隨著他們在特定時間點搭乘巴士。我向他們回答「中華隊不會有人過去」，因為我在比賽中還是自己拿水瓶比較習慣，更別說我的馬拉松最佳成績，還是喝白開水跑出來的。原本連個人飲料我都不想放，但好在最後還是有所準備，要不然這風暴會更大。

在上述的澄清之後，原本以為事情應該告一段落，善於激化衝突對立的媒體，沒能從我這邊得到他們想要的答案，又將麥克風遞到戴遐齡身上，沒想到戴又再度表示：「選手他本身沒有做申請，那他自己也不需要。」毫無意外，戴遐齡的這番話，再度引發網友群起圍攻，更被當時的政治雜誌選為年度「政府高官鬼話連篇TOP 10」，讓這場遞水風波又延燒了好一段時間。其實就字面上來說，她陳述是事實，也不完全是真實，因為選手需要的是更深層含義的「遞水」。

我可愛的朋友們總是很興奮的對我說：「你紅了，大家都在討論你。」

我也淡淡地一抹微笑回應：「他們討論的是遞水，不是我。」

事實上，討論遞水門事件對於事無補，真正的重點根本不在於有沒有人遞水與成績有沒有相關，如果真的如此同情我，就應該會發覺到為什麼田徑隊的六位選手、五種項目中，只有短跑與擲部教練，沒有專業的中長跑或是馬拉松專業教練。

你大概無法想像，一位長跑選手如果要踏上奧運的舞台，至少要經過十年以上的淬煉，才有渺茫的機會拿到通往世界的門票。這樣代表台灣的奧運國手，賽前既沒有聘請專業的馬拉松教練協助訓練，到了倫敦當地，更沒有專業教練支援，所有的一切都得靠自己來。

你可能會好奇，沒有教練我是怎麼練習的？答案是佐藤爺爺，遠在蒙古的日本教練，我仍然透過最傳統的傳真機向他尋求協助。

倫敦奧運前的一個月，戴遐齡來高雄左營國訓中心巡視，詢問選手們有沒有什麼問題。

我忍不住舉手問：「田徑隊沒有教練。」

「怎麼會沒有教練？」她反問。

「田徑隊只有短跑與擲部專項，沒有馬拉松專長的教練。」

顯然我的問題讓她不是很滿意，她指著在座的兩位田徑隊教練，質疑我不該忽視他們，認為我非常沒有禮貌，怎麼可以說田徑隊沒有「教練」。

經過一番激辯，眼見沒有共識，我又再度提問：「高雄太熱，不適合長跑訓練，我希望能回台北做移地訓練。」

要知道，所有代表台灣出賽的奧運選手，都被列管在高雄左營國訓中心。然而，氣溫對長跑選手的訓練影響劇烈，別說是高雄這種光站著就會流汗的高溫，位於涼爽的日本東京，在地的實業團選手，夏季多半會選擇移訓到緯度較高的北海道做訓練。

戴遐齡質疑：「高雄不是有壽山嗎？你可以去後面跑山啊！」

「倫敦是城市型賽道，我總不能每次都跑在山裡面。」

出身於田徑的她，看來不是很明白我在說什麼，只回應「我跟許（績勝）老師很熟喔，等一下我就打電話去問……」

結束這場不愉快的對談後，隔天總教練把我叫到一旁，他點了一根煙並長吐了一口說：「嘉哲啊！有時候講話要經過大腦啊。」

他或許並不是想訓責我，只是有一種「反正以後你出社會就會懂」的味道。當時，我沒把這些話放在心上，繼續做我自己的事情，因為即使過了五十年，我大概也不會明白這些道理。

時過境遷，在遞水門事件上，我的一席回應，沒有選擇在長滿爛瘡的傷口上灑鹽，反而是跳出來為高層解套。

回台後，戴遐齡特別到桃園機場接機，我看著她，想起這兩年在國訓中心的日子，風風雨雨好不熱鬧，我訓練得很認真，跟長官吵架頂嘴也很認真。儘管一個月前，我和她有一個不愉快的爭執，她仍在機場獻花，給了我一個溫暖的擁抱。

「嘉哲，你長大了呢！」戴遐齡微笑道。

當年我二十九歲，那天讓我深信世界上從來沒有「體育歸體育，政治歸政治」這種謬論。

我聽完，笑而不語。

第十章

激情之後

——不只是零和遊戲

「永遠只有我們背叛，
卻不曾背叛我們的『跑步』這件事。」

倫敦奧運開幕前沿路簽名的盛況

倫敦奧運前，曾經參加過兩次世界田徑錦標賽、兩次亞洲運動會、一次東亞運動會，這幾次的國際比賽都有一點相同的共通點：出發前的訓練日子，被看顧的非常緊迫，外界都會特別關注選手的一舉一動。然而，每當回國後，一踏出桃園國際機場的當下，彷彿自己和身邊的遊客沒有什麼分別。通常沒過多久，張叔叔就會匆匆忙忙，推著我那箱充滿臭衣服的行李，我則靜靜地跟在後頭。

隔日醒來更顯得落寞，我並不期待睜開眼睛，因為紛紛擾擾、吵吵鬧鬧的高潮過後，只不過又是個躺在床上，盯著天花板發呆的早晨，一段已經習慣的緊湊生活，在一夕之間又歸回完全的平靜，一切來的非常突然，總要讓我花很多時間再去適應明天。

奇妙的是，這次奧運回國後，卻絲毫沒有這樣的心理狀況。可能是我的朋友們都有觀看我的比賽，魏振展也有直接深入選手村，不會出現我興奮地口飛橫沫，朋友們卻一頭霧水、瞪著大眼望著我，心想：「到底在自HIGH個什麼勁」的場景。

那種氛圍總令我覺得有一種寂寞的距離，因為離我最親近的朋友們，為什麼不能一起分享我的快樂呢？又令我在高處不勝寒之下，喝了口胸悶的燒酒。

回想起這趟旅程的劇情急轉直上、峰迴路轉，想來真是有些諷刺，原本漸漸被遺忘的最後壓軸，又被遮水門事件掀起，愛戴之情被竄改為針鋒相對的政治炒作，說的露骨一點，在同仇敵慨之下，只不過更顯露出半斤八兩的糗態，真不知在電視上討論遮水的名嘴們，有多少位真的看完馬拉松的全程轉播？

最終，遮水門事件讓我以倒數第九名完賽，創下個人近四年來倒數第二差勁的成績，未受到眾人的注意與檢討。然而，這件事情也令我發覺到，必須要有台灣民眾對於運動員的關心與支持，才會造成森林大火般效應。

進入終點時，大家看到我滿臉笑容，並不是因為跟正妹拍照拍太多的關係，而是我感受到大家都一條心、齊力斷金的幸福感，有時候我們運動選手覺得孤單、不被人所理解，只不過是我們汲汲營營追求金牌之中，忘記了去靜靜地發覺到那條把我們緊緊繫在一起的隱形線罷了。

三週的奧運旅程中，記憶最深刻的不是與奧運第一美女Leryn Franco搭肩合照，而是英國倫敦的民眾、台灣留學生以及華僑的熱烈加油聲。其實在台灣出發前早就聽聞一些流言蜚語，還是那些依舊是腐敗的封閉思想，例如「又不會拿牌，去奧運只浪費人民的血汗錢。」在遙遠的地球另一端，相隔八個小時時差的倫敦城市，無數位英國民眾為我鼓掌，不管我離金牌有多遠，他們始終如冠軍般的為我歡呼，剎時間，我似乎真的以為我是位冠軍得主。

其實不只是我，包括本屆馬拉松最後一名的選手，南非賴索托王國的Tsepo Ramonene，以2小時55分54秒進入終點，與金牌幾乎相差了一個小時，上萬名加油群眾仍然頂著濕熱的高溫堅持留在現場。我看見了英國人的文明且傳統的優良精神，在這迎向誇大浮華的世界之中，展現出太陽神的聖火光芒與榮耀。

這也體現了英國人對於文化的認知度，正如行政院前院長陳冲說過：「早期形容羅馬鬥士奮戰不懈精神，都可用『Champion』，不光指第一名。」然而，台灣的留學生很感謝我讓他們有機會將國旗高掛在倫敦的街道上，我們互相感謝，奧運精神裡的和平與發揚人類最珍貴的真、善、美全表現在這一次的馬拉松道路上。

話說回來，遞水門事件後續的發展呢？這股風潮如同蛋塔效應，在多日糾纏不清新聞版面之下，又迅速消失的無影無蹤。曾被我犧牲相處時間的朋友們，大拇指滑動著智慧型手機畫面，熱情地替我介紹著「偷拍醜聞」的李先生以及那些沒穿衣服的照片，我靜靜的拿過手機，滑動、尋找，卻遍尋不著我那精壯無比的光滑二頭肌。在莫名的失落感而來的衝擊，令我強烈感受到，或許一頭栽進去的去批判政府，對於台灣體育競技運動的匱乏，似乎就像看見二維影像的倒影，誤認為這就是三維世界的體認罷了。

在國訓中心訓練時，確認體驗到一種無力感，有時你想為喜歡的隊伍多努力一些什麼的時候，但自己的實力、能力以及條件，卻偏偏不是那花在刀口上的「刀口」。會憤怒、會不平、以及無可奈何的煩躁與焦急。但在到達只有認命的那面平靜彼端時，終究只能在泥沼中奮力掙扎。

回想在熱浪之前，不知哪裡來的信心，使我可以在權威面前激動地侃侃而談，雖然過程中讓隊友們都替我捏了一把冷汗，極力的用硬擠出來的罐頭笑聲，來替我化解雙方都在笑容下濃濃火藥味，今日想起來，這人性中初生之犢不畏虎的衝勁，真令我高興在逐漸趨於老化時，還能保持年輕的靈魂。

我想，佛洛伊德如果看見了，也會替這世界的持續進步的天性力量而感到高興吧。

這段犧牲朋友的日子結束了，與半年不見的一缽師父，在已經錯過了盛開時期的荷花池促膝長談，四月前往北韓在北京轉機時，特別為他買的菩提子整整遲到了四個月。一缽師父沒有抱怨，只有拿出他原有的那一條，小小的炫耀比劃一般。

出國前的大暑到回國後的立秋，天氣涼了、荷花枯了、師父的鬍子長了，終點在苦盡甘來的燦爛笑容與二頭肌中畫下一個句點。

夏天過去了、馬拉松也過去了，望著一切都已經錯過的蓮花池畔，靠著茂密的荷葉做掩蔽，憤怒、不平、羞辱感，隨著微風下搖擺的柳樹，甩出了我的心頭。身為競技運動員的品性，正面迎擊的選擇，絕對勝過舞會後棒打落水狗。

當挑戰更快、更高、更遠的同時，會受傷、會跛腳，在這樣的養成之下，我們競技運動員更會去追求更強大的力量。雖然挑戰權威在台灣教育中一直受到壓抑，在懷疑主義下的我，覺得一切都是個計畫綿密的詭計。如果競技運動員應該挑戰更強大力量的選手，那也應該要挑戰更嚴峻的社會價值觀與權威領導者的力量，或許內心可能會跛腳、默不吭聲以及不願站上起跑點上，但都是一種選擇，無分對錯。

競技運動除了是個零和遊戲之外，到底帶來給我們什麼重要的人生價值觀與智慧？如果競技運動只追求零和卻刻意遺忘遊戲，那麼為何要如此辛苦的去從事競技運動？如果競技運動產生的是互相的反目成仇而不是心心相惜也沒有自我成長，其實我走出我家的巷子就可以辦到了，根本不需要去到那遙遠的倫敦他鄉。

如果要根據數據來說話，從事舉重與跆拳道是有較大的機會拿到奧運獎牌，如果你也覺得愛本身就沒有道理的，那就別離開跑步吧！因為會陪我們度過人生的低潮不是別人，而是永遠只有我們背叛、卻不曾背叛過我們的「跑步」這件事啊。

奧運激情之後，大家各取所需，演員與觀眾便不著痕跡的迅速離場。在這場灑狗血的舞台劇中，媒體得到漂亮的收視率、名嘴獲得表演的舞台、觀眾得到宣洩的出口。然而，人們總是學不乖的是，我們總是容易健忘與選擇性遺忘，四年後，想必這些演員依舊會齊聚一堂，一定還會有個「張嘉哲」、有一個「遞水事件」，只是這次會換個名字消費與批判罷了。

那麼，這世界有因此改變了些什麼嗎？很遺憾，很多事情是不會的。

例如在遞水事件後，民眾的群起憤慨，導致田徑協會不斷接到民眾抗議電話，質疑政府為什麼不派林義傑或陳彥博去參加奧運馬拉松，讓我還得受田協之託，特地寫一篇文章，解釋馬拉松與超級馬拉松之間的差異。也例如進終點的真男人POSE，讓國內幾位大老感到不悅，指責我「怎麼沒有盡力跑」？彷彿要像許多日本選手，進入終點都要痛苦地翻滾昏倒，才算是有盡力似的。還有在知名運動品牌上班的學妹，聽聞我在參加完奧運後表示：「嘉哲學長好厲害喔！」、「然後咧？接下來他要做什麼工作呢？」

是的，很多事情並沒有改變，例如社會價值觀就是如此，它就像多年未清的鼻屎，總是那麼粘膩且頑固。但慶幸的是，有些事情正在改變，儘管很緩慢，但它就像光害中的星塵，微小且明亮。

奧運之前，我總是被貼上固執的標籤，三不五時就會聽到「跑步可以當飯吃嗎？」、「為什麼還不去找一個教職缺」等迂腐觀念。但是一趟奧運回來，這些數落的字眼，突然都變成「堅持」的美德。

因為跑步我也遇到了許多美好的人事物，在馬拉松的道路上持續勉勵著我。例如一位愛好田徑的攝影師，常三不五時地看到他拿著攝影機在田徑場出現，他會捕捉選手在比賽時的畫面，並透過Facebook私下提供給選手。這些照片的畫面與張力總讓我驚訝，原來自己在做的事是這麼一回事。雖然也有很多時候他是為了拍攝「萌少女」陳雅芬而來待在攝影熱區。

透過這位攝影師真男人文創商行有了許多影像紀錄，現在都成了我的最大後援。

還有碰到一位看似玩世不恭的藝術家，在和我交換名片後，靦腆地點頭示意，過不久我收到他的來信，內容是：「X！你名片實在是有夠醜的，請讓我來設計好嗎？」之後他無償擔任我的視覺設計，如今，奧運振臂高呼的真男人POSE就是他設計的，從行動藝術變成插畫，後來更正式申請商標註冊，成為象徵真男人精神的符號。

這些人和我一樣都有個共同的特質：不被傳統價值認定的人生勝利組。喔，對了！對於某些高層來說，他們大概也是「說話前，要先經過腦袋想一想」的老屁孩們。

記得在一次公開活動中，遇到旅跑作家歐陽靖，原本以為只是短暫的談話交流，不知不覺就聊到我背包上的奧運號碼布。奧運號碼布一共有四張，其中一張便隨著我奧運結束，隨興地掛在背包。我永遠記得，她打量這塊號碼布的眼神，彷彿是看見稀世珍寶般的神聖與敬畏，於是我立即將號碼布拆了下來，簽了名就當場送給她，她瞪大著眼，無法置信我的舉動。

事後，當時的女友（現任老婆）很驚訝我竟然輕易的把如此重要的東西送人，畢竟奧運號碼布得來不易，每一張號碼布都代表一段血淚的過程。但是我知道，那個眼神告訴我，她比誰都重視這塊號碼布背後的意義與價值。奧運再去就有了，耍帥的機會可是千載難逢。

透過歐陽靖的關係，幾年後又在一次活動上認識到一位正妹，我原本以為吸引的粉絲都是男性，怎麼當天會來一位正妹，後來才知道她有意在大安森林公園，打造台灣第一座的跑站，更沒想到認識沒多久，全台灣第一間複合式跑者會館——森林跑站，就在她的手中嫣然成型，她將店內的空間結合文物收藏的概念，讓昔日褪去的奧運TPE戰袍，有了展演的舞台。

就這樣，從點到面，從垃圾變黃金。

第十一章

觀賞的藝術

——力與美彼此對話

「在不強調說話以後，身體反而靈活了起來，所謂的運動精神與鬥志這類的形容詞，根本無法單用語言去敘說表達，唯有身體力行去展現。」

做彈力繩阻力訓練的張嘉哲

記得有次參加一萬公尺場地賽後，有一位觀眾對我說：「看你跑步就像跳舞一樣，身體律動感好漂亮！」

奧運結束之後，知道張嘉哲的人變多了。臉書的粉絲人數從小貓兩三隻，迅速急遽上升到萬人規模的粉絲團。採訪與邀稿的信件如雪花般飛來，藉由幾位前輩的引薦，意外地成為雜誌與網路媒體的專欄作家。矛盾的是，大家喜歡看我寫的文章、聽我的演講，甚至是支持我的理念，卻少有人到田徑場看我比賽。我很納悶自己身為一位運動員，透過肢體語言表達才是我的強項，為什麼大多數人選擇在非專業的領域「觀賞」我的專業？

二〇一二年，我們觀察到台灣參與跑步人口猛爆性的增加，喜歡跑步的人逐漸變多了，對我們這群長期被忽視的長跑選手來說，突然有了被關注的舞台與機會。然而在好事發生之後，不禁讓人重新思考，在大多數喜愛跑步的朋友當中，是否已透徹了解跑步這項行為、抑或是昇華至「欣賞」跑步的層次。

這讓我想到第一次踏進台北體院，發現體院裡居然涵蓋了舞蹈系。當時我始終想不透，舞蹈跟體育到底有什麼關係？因為北體重視水、陸、球、技這四大競技體系，讓人很直觀地認為體院應該是屬於競技的世界。但為了把妹，也要唬爛嘴討好舞蹈系的朋友們。

北體系的舞蹈展多半免費索票，為了看正妹，偶爾會到現場支持一下；其實第一次看舞蹈展的印象並不深刻，不知是不是內心自大不悅的反感作祟，當下沒什麼波瀾與情緒。回家後，舞者的畫面一直旋繞在我腦海之中，與跑步姿勢自然融合一體，彷彿有些共同性聯繫著，我有點驚訝但也不太確定，可能是春天會做夢的關係吧？雖然我還是不太懂編舞者想表達什麼，但我很清楚內心的共鳴，腦中太少形容詞可以使用，只知道有股激動、活力、創造力正試圖爆發，我就是要這種用身體去述說出思想的活動。

在跑步的歷程中，我體驗到用嘴說自己多愛跑步，或是說自己多麼努力，似乎都不太有力，說話的力量有一定的限度，如果自己本身沒有多高的社經地位猶然如此。我漸漸地像哲學家尼采一樣懶得去說清楚、講明白，因為說得再多，對方也不會全然了解。似懂非懂令我感到無比厭倦，不過在不強調說話以後，身體反而靈活了起來，所謂的運動精神與鬥志這類的形容詞，根本無法單用語言去敘說表達，唯有身體力行去展現。

身體語言常用在心理學與舞蹈的範圍，但在強調力與美的競技運動世界裡鮮少提起，身體是會說話的，競技運動員居然忘記這種與生俱來的天賦，當我們看了一場比賽，我們會看見運動精神或是腐敗的功利行為，為什麼？運動員又沒說話，為什麼我們卻看得出來呢？當我進入醫院加護病房，我感受到疾病、苦難、哀傷、壓迫、困境。當我觀看競技運動比賽，我感受到活力、健康、歡樂、奮鬥、衝勁。但為什麼，他們又沒有跟我說話？

一位鏈球選手，當準備旋轉的時候，彷彿是太極拳的起式，進入旋轉時期，鐵球向外卻又是向著自主中心活動，越旋越快速的顯相，如同一位芭蕾舞者也不為超過。

我與舞蹈系的朋友討論過跑步算不算藝術，官方將藝術分為八大類：文學、繪畫、音樂、舞蹈、雕塑、建築、戲劇、電影。如果要從自我意識出發來討論，跑步當然也可以進入藝術的領域，但我之後又思考，其實也沒必要將跑步硬擠進去藝術的世界。

有一次聚餐與一位舞蹈系的學妹討論「跑步」算不算是舞蹈的一環？學妹覺得跑步沒有空間的變化所以不算，但我納悶42.195公里從甲地到乙地怎麼沒有空間的變化呢？她又回，因為跑步只有一個動作所以不算。但跑步有抬腿、耙地、推蹬、收腿，怎麼會只有一個動作呢？

當然，硬要把跑步琢磨成舞蹈也沒意義，這讓我想起第一次看見肯亞選手跑步姿勢的讚嘆，我也覺得異世界小黑們跑起步來就像在跳舞，流暢、力量、優雅，在那橢圓形的橘紅色的世界裡。

我覺得台灣的觀眾分成兩群，一群是台灣之光型，一群是忠心耿耿型，真正享受於欣賞身體語言的觀眾其實非常小眾。在田徑場出現的群眾，除了男朋友是田徑運動員外，也很少去田徑場看比賽，在舞蹈界出沒的，除了去把妹外幾乎很少出現在舞蹈展，我一直很納悶，為什麼常使用身體去表達的舞蹈系朋友會看不懂跑步呢？我也納悶經常使用身體去展現自己的運動員，為什麼觀賞同樣藝術性質的舞蹈能看到睡著呢？一位舞蹈研究所的朋友送了我一本舞蹈期刊，我邊閱讀、邊吃著關東煮的午餐，我突然領悟出一個關鍵，原來舞蹈系會在體院裡是因為，我們是用律動來思考與用身體去表達的民族。

在台灣，欣賞舞蹈表演要收門票，與觀看田徑競賽不用門票的價值觀差異現象，而在差異中呈現幾乎無差異的就是身體語言（body language）。現今市面上充斥著心理學類身體語言相關書籍，大致上書中總是教你／妳如何看穿男人與女人的謊言，或是美國情報局FBI的超強觀人透視術，也通常用於職場的看人臉色免得過度白目或辨識誰是好員工之類的功能性書籍。

進入田徑場觀看比賽的好處除了免費，還有專員現場廣播報導，並仔細介紹每一位參賽選手背景資料，還可以有機會坐在只有小學學歷卻培育出奧運田徑馬拉松國手張叔叔的旁邊請益，俗話說得好：「讀萬卷書，不如行千里路。」

走出書本的世界，用雙眼親身檢驗每一步都花費十年以上訓練出來的步伐，跑八百公尺、一千五百公尺、五千公尺、一萬公尺所用的姿勢跑法都是一樣的嗎？書中只能呈現黑白的文字與2D的圖片，但現場卻呈現眼耳鼻舌身意、色聲香味觸法的6D快感。

如果要看游泳選手在舞台上乾泳，我們為何不去泳池看比賽？如果要看划船選手在舞台上拉測功儀，我們為什麼不去宜蘭東山河呢？如果要看一堆假歹徒調戲假女學生又被通通假駁倒，我們為什麼不去柔道場看真槍實彈？

可惜的是，田徑場參與競賽的選手總是比觀眾還多，雖然國內跑步風氣固然提升了，但大家對於觀賞的意願還是意興闌珊，你總是能聽到「好可惜！要不是臨時有事就可以到現場加油了。」的字眼。

總有一天，我希望觀賞田徑就和張學友的演唱會一樣，一票難求。

二〇一三年十月，是國內競技選手的年度盛事——全運會，這是一場難得在假日、地點在台北的競技賽事。趁著倫敦奧運結束後的熱度，號召觀眾進場。

全國運動會簡稱為全運會，兩年舉辦一次，過去由台灣省運動會與台灣區運動會改制而來，最早可追溯於一九一〇年，目前是台灣最具指標性的全國綜合性運動會。全運會除了歷史與傳承十分悠久，更重要的是，對於學校而言，也是兵家必爭之地。

為了能在評鑑有亮眼的成績，各個縣市欲以增加獎牌數量，紛紛祭出高額獎金重賞英雄，也讓全運會向來被戲稱為「錢運會」。在這樣的氛圍下，官方避免惡性鬥爭以及運動員淪落各縣市的傭兵打手，甚至規定轉縣市戶籍選手，需三年內不得參加賽事的規定，就可以知道這絕對是一個眉來眼去、爾虞我詐的戰場。

當然，對於選手來說也是十分精彩，無疑是籌湊學費、訓練費、生活費、車貸、房貸以及奶粉錢的許願池，讓教練與運動員們在田徑場上，掀起一股比《魔球》

電影還精彩的終極大亂鬥。

在競技場上，只要田徑規則中沒有明文規定的，通通都不會被裁判判定為犯規，除非明顯蓄意用肢體去碰撞其它選手，要不然很難被判罰違反運動精神，不管你是從第一道使用擋人戰術，一路擋到第八道，還是從一圈四百公尺七十二秒突然慢到九十六秒，又瞬間加速上升至七十二秒的變速跑，或是一個「不小心」踩掉別人釘鞋，也可能只是「剛好」把其它縣市選手包圍住的夾擊戰術，都會在這場不用門票、不用課5%扶植稅，就可以有高品質享受的田徑場中出現。

田徑是講求省力的運動，只要你每一公里比對手省下1%的力氣，決定勝負的最後一公里，就有更高的機率贏得這場比賽的冠軍。這意味著，在場上擁有較好實力的跑者，為了避免失速影響末段的配速，一開賽多半不願意冒上風險，以「最佳成績」為前提全速衝刺。畢竟你不用跑得太快，只要比第二名早一點進終點就可以了。這也是為什麼優秀選手總是在前半段守株待兔、保留實力，緊跟著在前面領跑的跑者，等到末段再全速發力。

這樣的跑法，在國內豐厚獎金的賽事固然可行，觀眾也可從中觀賞選手多變的戰術與策略。但是就連沒有獎金的春季盃、秋季盃，選手們還是一樣躲在後頭跟跑，可真的就不知道是什麼意思？因此，比賽前我經常被問到的一句話就是「你今天要怎麼跑？」因為他們知道我總是會在前面領跑。

「還能怎麼跑？就全力催下去啊！」

我向來在國內大型賽事的策略就是「我跑我的，你們去討論你們的」，想當然爾，末段也經常被當砲灰，回家又會被張叔叔念「你這臭小子就只是想要耍帥！」我想了一想，運動選手追求的目標究竟是名次？獎金？金牌？虛榮感？還是奧林匹克的經典格言：「更快、更高、更強」？

這或許沒有直接的答案，不過網友Jack Liu在YouTube記錄的一段影片，卻能反映目前國內長跑的風氣。

影片的畫面是二〇一一年在彰化舉行的全運會，項目為一萬公尺男子決賽。比賽剛開始，國內一線頂尖選手吳文騫學長、何盡平、蔣介文以及王秋竣魚貫而出，擺脫大隊人馬，迅速成為四人領先集團。

畫面中輩分最小的王秋竣在前面領跑，直到比賽中段，王秋竣中途兩度速度慢了下來，暗示要換人領跑的意思，但是其他人看起來沒有要理會他，也都一起慢了下來，就是沒人想出來帶。

Jack Liu描述，觀眾開始鼓譟，司儀也跟著加入，要選手不要想戰術跑快點，還不給面子說，晚上女子組的跑法絕對不是這樣！特別推崇上屆張嘉哲一直領跑到最後，這屆張嘉哲只參加馬拉松，四位領先者搞戰術運用，難怪成績比上屆差了將近一分鐘。

最後他寫了一段的感想：「總算見識到菁英選手的比賽方式，跟著別人後面跑可以省很多力吧！但是如果只想省力比誰最後衝刺較有力，以獲取較好名次，也難怪高懸幾十年的一萬公尺紀錄還沒被打破！」

我常在想，如果大家都是選擇「跟跑」，保留實力去搶奪最後的金牌，那你願不願意為了讓台灣的成績提升，犧牲自己的名次與獎金，去當領跑的那個人？還是只跟大家一樣有金牌就好？

也許是因為我擁有比較多的資源，可以站在比較好的位置，有張叔叔跟屠阿姨這兩個我最大的贊助廠商，我可以不在乎比賽獎金跑我想跑的節奏，也因為我的教練就是我爸，因此不管張叔叔說什麼，我都要照自己的跑法，帥氣奔跑。因此，我希望不論是全運會還是未來的任何一場比賽，真男人張嘉哲都要為大家上演一場完美的表演藝術。

第十二章

日體大旋風之旅

——貴人相助，踏上尋夢之旅

「或許我們可以騙過全世界，但始終無法騙過自己。」

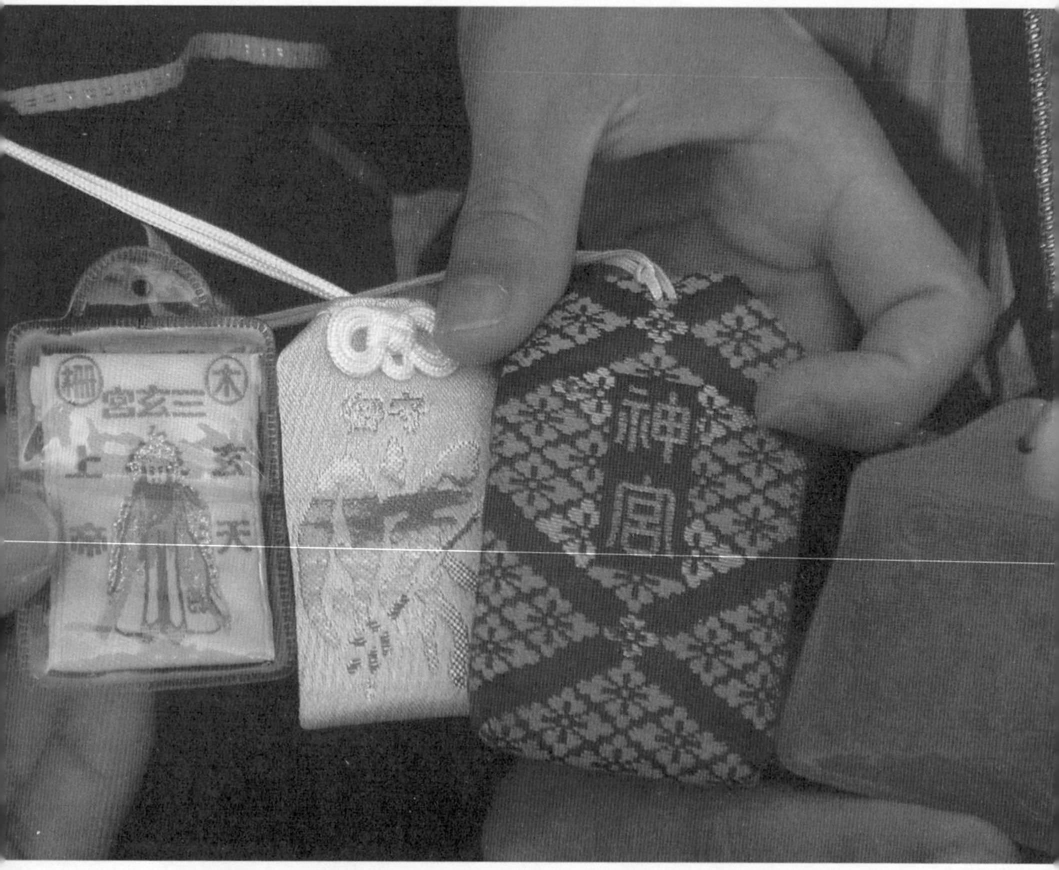

支持者幫忙四處收集來的護身符

第一次唸研究所，多少是為了符合家人的期待，或者說，是滿足張叔叔日漸貪婪的期望。

四年過去，規定的學分修完，畢業論文卻不知道該寫什麼好，張叔叔發現後照三餐關切，三不五時就用情感威脅。所幸最後發起不寫論文運動，也成功領到一只退學證書，這張證書後來妥善保存，至今還完好恭奉在家裡。

第二次唸研究所則是為了自己，這次知道自己想要的是什麼，很快就把畢業論文給搞定。歷經修課、延畢、退學、重考總共七年、花了屠阿姨二十五萬台幣的學費，終於要畢業了。為祝賀我這媽寶脫離學生生涯，我決定給自己一份大禮：那就是前往日本壯遊、挑戰田徑場內紀錄賽，當作是告別學生的畢業旅行。

為了規劃這趟行程，年初就開始不斷打擾「臺灣長跑競技網」的站長們，在JY大大引導我如何在JAAF（日本陸上競技聯盟）網站漫遊的小技巧之下，終於找到適合當作八月份世界田徑錦標賽的賽前訓練賽。

其實我原先是想找日本山口縣區內的比賽，這樣我還可以順道去看佐藤爺爺，山口縣在六、七月的場地賽只有一場，因為看不懂日文，只好再度求問於JY大大，結果鬧了個大笑話，原來這是一場年齡三十五歲以上才能報名參加的常青運動會。

折騰了許久，最後才藉由JY大大的引介，選定了「日本體育大學長距離競技會」。

日本體育大學長距離競技會，從一九六六年開始至今，已經有五十年的歷史，截至二〇一六年為止，共開辦高達二百二十五回的場次，從白天到夜晚、項目從八百公尺到一萬公尺的距離，人數絡繹不絕。我會選擇日體大長距離紀錄會參加，除了他們是箱根驛傳的常勝名校，參加人數與強度都算是關東地區最高，連紅到台灣的日本市民跑者川內優輝也選擇參加日本體育大學長距離競技會提升自我實力。

選定賽事之後，在處理報名時遇到遊戲卡關。報名日體大競技會需要日本陸上競技連盟（JAAF）登錄帳號，這只有日本國人才能登錄（外國人則需住滿六個月以上才有資格），外國人申請比賽的管道，需要透過當國的田徑協會才有辦法報名。我先是聯絡田徑協會尋求協助，並告知費用由我自己全數承擔，不過傳來的答案卻讓人覺得沮喪。

我心想既然得不到協助，那我自己請日文專長的朋友處理總可以了吧。想來想去，想到一位在二〇〇七年大阪世界田徑錦標賽幫中華隊翻譯的台灣留學生「黃總裁」。她當時人在越南工作，我透過Fackbook聯絡到她，她爽快一口答應幫我寫信詢問日體大。

結果，日體大很爽快的拒絕我，只因為沒有JAAF登錄帳號。

我回想起佐藤爺爺總是用我亞運名號，去申請到日本防府大分馬拉松的全額免費邀請資格，畢竟日本是很講究頭銜的國家，如果你有世錦賽、亞運等國際賽的經驗，他們看待你的方式自然不同。我依樣畫葫蘆請黃總裁再寫一封信給日體大，內容提到我是倫敦奧運田徑馬拉松選手，當年八月要參加莫斯科世界田徑錦標賽，希望藉由與日體大競技會的選手們相互競爭與刺激，進而來提升馬拉松的實力。

果不其然，這回日體大立刻同意我們的申請，還爽快地提供一組報名用專用帳號。未來我就不必再經歷這段信件往返的過程，而且還能夠加入其他選手的名字。最困難的報名解決了，接下來就要安排行程，這趟壯遊最重要關鍵人「小幫手」，二話不說主動替我安排行程，還整理一份前往日本的教戰守則，真是省下不少心力，讓我可以專心地在訓練與搞笑上。在經費部分，因為長期與NIKE合作，申請過程也相當順利，不過問題又來了，日體大沒有國外匯款帳號，只能再次委託人在越南的黃總裁，請她的日本朋友幫我匯款報名費。

就這樣，一波三折的畢旅即將成行。這次的畢業壯遊，可說是集結越南、日本以及台灣的跨國性合作，也好在有這些貴人的協助，才有辦法讓我有機會去海外尋夢。

談到這裡，很多人可能會很納悶，為什麼我要特地砸大錢，去日本跑一場紀錄賽？而且還是一場沒有獎金、沒有榮譽的測驗賽，台灣一年到頭有全運會、春季盃、秋季盃等盃賽，難道在台灣不能跑嗎？

我想這得從台灣的長跑競技文化說起，在重要賽事中，各隊選手可能為保住獎牌或獎金，使用跟跑、變速跑等戰術擾亂對手，導致實力越強的選手越喜歡躲在後方，等到末段再超越對手贏得比賽，跑出來的成績自然平庸。畢竟飯碗比較重要，平常都吃不飽了，誰還管你榮耀與全國紀錄之類的事情。

但參加紀錄賽就不同了，少了獎牌、少了獎金、少了名次，大家使出全力衝刺並互相領頭破風，大家追求的只有一個目標：「打破現狀」。

從八百公尺到一萬公尺的徑賽，每一項的最後一組成績都能超越我國全國紀錄，這樣的跑步文化力量不斷地延燒，以至於東海大學、平成國際大學、順天堂大學等等名校，也紛紛舉辦長距離紀錄會來提升大學生成績。

我國一萬公尺紀錄保持人——許績勝教頭，也是在日本中央大學長距離紀錄賽中，創下29分12秒01的二十三年不敗紀錄，成為台灣長跑界傳奇人物，這也是我為什麼非得大老遠飛到日本的原因。

時間來到比賽當天，搭乘清晨六點五十分從桃園飛往日本的班機。此次行程美其名是畢業旅行，不過行程卻非常倉促，礙於論文還沒寫完、口試審查的時間又迫於眉睫，能安排的時間僅有兩天，我決定以旋風式的行程來完成它。有人挑戰台灣一日雙塔，我則是挑戰三十個小時東京來回。

抵達日本成田機場的時間已經接近中午，馬不停蹄搭乘機場特快車，前往涉谷安置行李，隨後又再搭乘電車前往日體大。日體大在東京有兩個分部，一個位於東京世田谷，另一個是橫濱健志台分部，這次比賽是位於橫濱，距離居住地還是有一小段距離。

由於身旁有小幫手打點繁瑣的交通與行程，我便很放心地在車上打起瞌睡，為傍晚的比賽養精蓄銳。回想起來真是不可思議，清晨才剛告別桃園機場，傍晚即將就要在朝思暮想的競技舞台，一圓長久以來的夢想，想到嘴角就忍不住上揚啊。

來到日體大，連聞到的氣味都不太一樣了，各個大學田徑隊的女經理比觀眾還多，聽著她們用甜美的嗓音嬌喊「甘爸爹」，簡直就是傳說中日劇或漫畫會出現的場景。是啊！這不就是青春嗎？

參加一萬公尺的選手共分為五組，組別的安排是用個人最佳時間來分配，不檢查獎狀與成績証明，填寫最佳成績完全是舉頭三尺有神明、做人處世憑良心的日式風格。除此之外，因為是夏季、年度盛事「箱根驛傳」才剛結束，參加的選手比過去少了一點。

記錄賽的有趣之處，就在學校中的田徑場進行，少了一點大型競技場地的壓迫感，跑道旁邊就是草皮與座椅，有些觀眾會帶著躺椅或是飲料、食物，就來看一整天的賽事，這類賽事通常都會破千人參賽，從早上八點比到晚上八點，可以慢慢欣賞這些優秀選手的跑步姿態與運動精神，真是好不愜意。

在人力方面，賽事場地裁判、檢錄裁判、終點裁判，全都是由學聯中的學生來擔任，號碼布甚至還要自己手寫，重點是這些紀錄賽的成績，都受到JAAF日本陸上競技聯盟的認可，等同於我們的中華民國田徑協會，所以許績勝在中央大學長距離紀錄會的成績，可承認收入在我國紀錄之內。

下午六點十分、溫度二十三度，天氣比五月份的台灣田徑國際錦標賽低了八度，在國際錦標賽時，光是熱身結束，身體就感覺軟軟的，因為身體散熱主要是靠著汗水蒸散成為水分子帶走體溫（這也就是為什麼台灣冬天的十度，感覺卻比日本的零度還要冷的原因）。台灣濕度太高，汗水不易蒸發，導致體溫不斷的增加，身體就會不斷的排汗。體溫升高會造成心跳率上升、中樞神經的疲勞、加速肝醣耗竭，在身體補水總是趕不上排汗率的現實下，造就了張叔叔名言錄：「你就是意志力不好」。

日本人除了有意志力，更加有寶貴的智慧，七月份的中長跑田徑場內賽，考量到天候因素，拉到最北方的北海道舉行，並補助優秀選手交通費。一切的大費周章，只為了將那意志力放在對的空間裡，發揮它最大的效應。或許，我們不應該再將意志力當作擋箭牌，來掩蔽無能為力替運動員創造更好環境的理由。

通過終點時，大會時間顯示30分43秒02。

不好不壞的一萬公尺成績，很可惜沒有突破個人最佳，但也達到該有期待中的訓練強度，投資報酬算是打平。日體大長距離競技賽果然名不虛傳。選手跑法積極、從不畏懼末段失速，在這樣的競技氛圍下，跑起來相當順暢，可惜後半段天氣炎熱，整體的速度下滑，不然成績應該還可以更理想。

即使如此，這成績擺在國內已經是這兩年來最佳，所謂的這兩年是指二〇一一年下半年至二〇一三年上半年為止，不過也可能因為二〇一二年是奧運年，各選手目標準備力拼奧運馬拉松達標，導致國內場內賽成績下滑。

隔日一早，快速參觀驛傳名校駒澤大學與川內優輝經常練習的地點駒澤公園，沒想到駒澤大學這所關東地區預選會一萬公尺平均成績僅有28分50秒28的學校，校門竟然小到我差點找不到。古人說的還真有幾分道理：「山不在高，有仙則名；水不在深，有龍則靈。」，如要搞一堆金牌加身，美輪美奐的幻覺，倒不如把這精神與經費專注在訓練的規劃上。或許我們可以騙過全世界，但始終無法騙過自己。

回顧這趟旋風式的畢業旅行，即使被國內某些長輩譏諷癡心妄想，還是成功實踐自己的承諾與夢想。最大的收穫當然是日體大給予「和諧長跑俱樂部」的這組帳號，它等同於是一把通往天堂之路的鑰匙，未來任何一位台灣選手想要挑戰長距離競技會，只要透過這組帳號，不必透過協會報名、也不用JAAF登錄帳號，就有辦法自主前往，感受與日本一流長跑選手競技的氛圍。

回到台灣後，把這趟峰迴路轉的壯遊整理成心得，後續意外造成不錯的迴響。畢竟像我這樣願意自助自費、向外尋求舞台的競技運動員，在國內說真的不多。過去台灣運動員的想法，普遍認為出國比賽就是需要仰賴政府與協會的幫忙，再不然就是受制於語言與經費問題，導致大家都是在被動等待，結果就是全部人依然停留在原地，抱怨大環境不佳、埋怨政府不予以支持。

事實上，語言問題可以依靠專業翻譯協助、經費不足可以向外尋求贊助、最艱難的報名問題，現在也再度證明，只要我們積極找尋辦法，終有解決之道，最重要的關鍵點還是回到本質：你有沒有膽量與勇氣尋夢？

因此，這次經驗之後，我和滿腔熱血的黃總裁更想再來弄點什麼，於是創立了TOSH（Taiwan's Overseas Sports Helper）這個交流平台。這個平台不屬於任何協會、公司、單位、學校等組織，主要目的是希望幫助選手們解決最害怕遇到的行程、翻譯等問題，帶動更多人願意走出台灣的風氣。唯有如此，國內的長跑環境才有突破的空間。

國內的長跑實力落後鄰近的日本一大截，世界頂尖的肯亞選手就更不用說了，再講難聽一點，男子的實力甚至比日本女生還要不足。縱使你在國內頂著全運會、全大運與全中運冠軍的光環，內行人攤開一看就知道你有沒有本事，到頭來也只是一種自欺欺人的展現。但我知道，在思想封閉的體育圈，想要改變陳舊的觀念絕非一蹴可及，這就和馬拉松一樣，如果有捷徑可以輕易到達，那我三歲大概就是奧運國手了吧！

我打定的算盤是，每年安排一次日體大之旅，藉由粉絲團與媒體平台的力量發酵。即便一開始只有我一個人也沒關係，每年多感染一到兩個人，未來更是希望可以揪團成行。

不料，發生突如其來的意外，讓這一切的計畫即將全面停擺。

第十三章

瞄準全國紀錄

——世界盡在腳下

「我背叛自己的理念、催眠自己、欺騙他人，為求填滿心中飢餓野獸的慾望。」

琵琶湖公路接力賽

從最初的世大運、二〇〇六年亞運、二〇〇七年世錦賽、二〇〇九年東亞運，再到二〇一二年的奧運，腳上已集滿了國際大型賽事的國手拼圖。接下來，還有一件田徑人尚未完成的夢想：爭霸全國。

攤開目前長跑項目全國紀錄，除了五千公尺保持人吳文騫學長在二〇〇二年寫下的紀錄之外，無論是一萬公尺、半程馬拉松還是全程馬拉松，都是由許績勝教頭所保持，紀錄幾乎已高掛二十多年。其中，最先有機會率先突破的項目，大概就屬目前蔣介文的半馬記錄1小時03分46秒了。

近年來我國半程馬拉松成績沒有太顯眼的優秀成績，依照歷年成績排名，二〇一二年我能夠再次參加IAAF舉辦的「世界半程馬拉松賽」機會相當濃厚，所以去年下旬時，我便積極的聯絡中華民國田徑協會，希望再次代表中華隊參加比賽。另一方面，這段期間也積極準備全國運動會與福岡馬拉松，以及聯絡香川丸龜半程馬拉松賽的相關單位，心裡一直懸繫著，能再有機會與世界上最強的跑者站在同一個舞台上。

時間過得很快，二月重點賽事「香川丸龜半程馬拉松賽」即將到來，算是作為三月世界半程馬拉松的前哨戰。當初我會知道這場比賽，是因為拜讀了「臺灣長跑競技網」JY站長於日本參加的報導，點燃了我想要在日本挑戰有「超高速賽道」美譽的競技大賽。

這場之所以能被稱為超速賽道，並非像許多賽事「媲美東京馬」的芭樂票般自吹自擂。從厚達一百三十六頁的大會秩序冊上頭清楚記載，參加二〇一二年世界半程馬拉松的宇賀地強、二〇〇四年雅典奧運金牌野口水木、二〇〇六年杜哈亞運田徑一萬公尺金牌暨二〇一三年世界田徑錦標賽馬拉松拿下銅牌的福士加代子，都是在這場比賽中創下日本歷代半程馬拉松記錄。

其實香川丸龜半程馬拉松也不是一開始就是如此風光，它至今已舉辦第五十四回，不過一直到二〇〇〇年才首次成為日本陸上競技連盟（JAAF）公認成績之路線；二〇〇二年，才正式成為日本選拔世界半程馬拉松選手代表權的選考競技會；二〇〇六年第一次才成為IAAF銀牌賽事。由此可見，雖然台灣目前還沒有IAAF金、銀賽事（註：自2018年起，萬金石馬拉松已晉級為IAAF銀牌賽事），也沒有世界半程馬拉松代表權選拔賽事。但只要有心，人人都可以成為國際認可。

這次的報名，再度麻煩遠在越南的黃總裁，因為我在官網上找不到海外參賽者的報名表，就直接請她寫信給大會，詢問海外選手如何在十月開放申請的時候報名參賽。我們有了先前合作的經驗，她很機靈地連我的經歷與問題一併傳了過去。

香川縣教育局科長高井回信表示，八月才提名招待名單有點太晚，大會在沒有準備之下，願意提供落地招待，我則是需要自費機票。聽到這麼好康的事情，我當然一口答應。果真，傳說中的「奧運頭銜」再度發揮效用，只是覺得日本人處理事情也提前的太早了吧！

這次主辦單位是香川縣教育委員會、香川陸上競技協會、香川丸龜半程馬拉松大會組織委員會，JAAF只屬於後援單位，其中還包含香川縣各地區的體育與教育相關協會。咦？路跑賽跟香川縣教育局有甚麼關係？從單位的安排與分配，才發現這次香川丸龜半程馬拉松是融合教育、競技以及體育的一場活動。雖然贊助商有二百二十七個，但它還是被稱為「香川丸龜國際半程馬拉松賽」，使當地民眾有一種強烈的連結感與認同感。

開賽前一天還請來著名的諏訪利成（二〇〇四年雅典奧運馬拉松第六位、二〇〇七年世界田徑錦標馬拉松團體金牌），來擔任國小四到六年級學生的免費講師。因為比賽當日，田徑場還有小學生的一千公尺比賽。至於參加三公里競賽的中學生與一般休閒者，大會則請來另外兩位大咖明星金哲彥（一九八五年箱根第五區區間新紀錄、早稻田大學連霸貢獻者）與有森裕子（一九九二年巴賽隆那奧運馬拉松銀牌、一九九六年亞特蘭大奧運馬拉松銅牌）共同免費授課，教育意味相當濃厚，與東京馬拉松賽前一天買東西、吃東西的流程明顯不同。

很幸運，從二〇一三年開始，台北、桃園機場跟高松機場有直航班機，我不需要飛到日本羽田機場再轉機，或是轉乘JR線抵達會場。只不過這次比賽遭逢年節假期，光是來回機票就飆升到兩萬四。但為了突破保持了二十一年來的全國半程馬拉松紀錄的夢想，還是忍痛刷卡，張叔叔與屠阿姨的紅包就少領一點吧！

抵達日本後，教育局高井很貼心的替我安排了一位中國員工樂小姐當我的翻譯，樂小姐來自中國西安兵馬俑的故鄉，她原本是一位大學的日文老師，每年香川縣教育局與中國都有交流，至少派一位中國人在教育局中合作。翻譯人員的安排對於國際選手來說，其實就是最簡單的國民外交，如果中華民國外交部、教育部也可以有支援台灣運動員的窗口可見也是一件好事。例如中華民國田徑協會每年都會安排選手參加義大利蒙特福地半程馬拉松，每年駐教廷的中華民國大使館都會排人來協助。

賽前的準備時間，基本上都一個人待在房間內，只有訓練的時候才會離開。我可以感覺自己的身體猶如一匹野馬，渾身是勁的上下跳躍，內心則是一位牛仔，需要用繩索圈住並安撫這頭狂野的獸物。我面對的鏡子望著自己的眼神，凶狠雄獅緊盯著我不放，我一拳揮向牆壁想阻止過早到來的澎湃激情，但卻感受不到任何疼痛，力量充滿全身迫不及待的火山，爆發前的濃灰在空中擴散開來。我搭著飯店隔壁的接駁車到丸龜車站，接著走往丸龜城並登上。我俯視著明天的路線，用君臨天下又充滿鄙視的姿態環視著。

比賽當日，樂小姐搞不清楚招待選手該去哪裡，我領著她緊跟著也是被招待前來的SUZUKI職業隊隊員身後。二〇〇七年還是選手的隊員成為了教練，認出曾在一起訓練兩個月的我，熱情的走來向我打招呼。七年來的首次相會，真的很興奮他們還記得這位在訓練只能跑最後一位的我。進入招待選手休息室後，發現有專屬的衣物櫃與廁所。除此之外，剛才進入田徑場時，我也看見大會很貼心地為女性準備專屬女性流動廁所區域。

我環顧四周，看見不少平時會在YouTube出現的人物，不過今天我們都是競爭對手，得拋開與他們合照留影的慾望專心熱身，畢竟錢花了、紅包也少了，這次可不是來開玩笑的！

早晨的雨水使得跑道濕潤、雲層漸開天氣轉好，空氣也越來越舒適，剛結束的場內小學生一千公尺比賽，使得看台上坐滿觀眾。丸龜競技場當下的情況，直轉回適合比賽的狀態。

上午十點三十五分，比賽終於開始。上百名六十八分內的男子菁英與七十分內的女子菁英選手們筆直衝出，彷彿沒有人要跟跑意願，接連擠過我的身軀向前衝，龐大的集團力量拉著我不斷向前，我用盡力量穩住這台失控的法拉利。

第一公里通過2分58秒，比配速快了七秒。我壓制著自己別讓體力太早耗竭，眼睛望著前方的集團，並隨時保持著可以逆風來襲時躲藏的機會。我感覺狀況良好，體內的野獸完全得到舒展的滿足。

五公里通過，15分08秒，第一百一十位通過晶片記錄點。不多不少的配速讓我信心大增，我放開速度追上已經漸慢的集團，鎖定前方不遠的選手。但是我追上約第六公里後，感覺左足腳踝內側略顯緊繃。是太過緊張嗎？還是加速太快？我猜想著。但要突破全國記錄，不按照目前速度是不行的，

我拋開疑慮繼續向前追擊，到達七公里處，緊繃處傳來強烈的撕裂感，一瞬間撕裂了所有的鬥志與信心，意志力的彩色糖衣包裝瞬間崩落。我低下頭來，宛如一

隻飽受驚嚇的流浪犬，我越來越慢、越來越慢，最後只能用走的。

旁邊的民眾對我吶喊「甘巴爹」的咒語，希望我能有奇蹟發生，我拖著左腳走著，望著前方越來越遠的身影，像個小孩巴著無法購買的玩具不放。

不久後，後方的女子集團毫不留情的接連超越我的身旁，專注到連看都沒看我一眼，我分心地望著她們，終於甘願的坐在路旁等待救護人員的到來。我拿下了墨鏡，想認真看清楚這是夢境還是現實？

救護車尖銳的鳴笛聲讓我驚覺：「原來是這個樣子啊。」

回台後做了許多檢查，從超音波到骨掃描、從疑似疲勞性骨折到脛後肌肌腱撕裂傷。至今我仍不明白，為什麼當天狀況這麼好的自己，可以搞得這副田地？可以確定的是，我手上緊握的拐杖是真實存在的。

回想起競技生涯第一次中途棄賽，是二〇一二年代表台灣參加的澳門銀河娛樂國際馬拉松。當時在著名的西灣大橋下坡路段，突然感覺到左小腿有些抽搐的疼痛感，接著速度越來越慢，開始變成了慢跑，甚至嚴重到得停下來伸展，走了幾步才能開始跑。

就這樣死撐活撐大約十公里，同行的許績勝教練看我狀態有異樣，立即跑過來替我按摩僵硬的左小腿肌肉，並且要我自己考量清楚是否還要繼續比賽。我向前跑了幾步，痛的只能用一拐一拐的走著，猶豫地按下手錶的停止鍵。嗶的一聲響，首度宣告我競技生涯十五年八個月又一天的棄賽聲明。

再次嚐到棄賽滋味，就是這場香川丸龜半馬了。過去總以為身體是自己的、總以為意志力可以戰勝肉體軟弱、總以為可以毫無顧忌的苦練，但身體生氣罷工了，我也確實嚐到一個深刻的教訓與經驗。

受傷後，很多人私底下關心我，心情調適的如何？我只能說無法奔跑的日子讓我相當沮喪，畢竟喜愛跑步的人，都會感覺不跑步彷彿會死。不過有句話說得很好：「接受訓練的是運動員，但解決問題才能成為優秀運動員。」受傷了你可以抱怨全世界，但還是要持續保持治療的耐心，因為我還有無數個未來，還得準備接下來的比賽。

這段時間做過增生療法、超音波、電療、雷射、磁場、針灸、徒手按摩等等治療，利用游泳、飛輪、以及Redcord來保持體能與核心力量。同時我也深信張叔叔說的：「偶以前環台腳透，米天擦擦勞妹（藥用軟膏），邊跑邊透，環台完腳也好溜，所以透要使它更透，厚搭啦！」

我相信，在三月二十九日的世界半程馬拉松賽來臨前，情況絕對會逐漸好轉。

三月初的萬金石馬拉松，是我在香川丸龜傷後的第一場復健賽，這場比賽如今變得相對關鍵，因為會連帶影響到接下來的信心與觀察。果真沒有意外，出發後沒多久，就發覺受傷的位置仍然疼痛。這回我冷靜了許多，立刻放慢速度到兩側，果斷放棄這場比賽。接下來還有一個月的時間，我還有機會可以做調整。

二〇一四年的世界半程馬拉松位於丹麥首都哥本哈根，根據IAAF資料顯示，共有三十九個國家、一百六十位全球菁英跑者齊聚一堂，是近十年來最多參賽選手的一次。此外，由於今年世界半程馬拉松賽與當地的路跑賽合併舉行，讓市民跑者也能夠共襄盛舉，為賽事增添不少熱鬧氣息。

賽前最後一刻，即便先前不斷如何說服自己，我依舊很清楚左腳脛後肌仍然隱隱作痛，但我終究相信自己的直覺，選擇帶著傷痛下場比賽。

開賽時的前五公里疼痛感較小，還在能夠掌握的範圍，不過隨著里程數的增加，疼痛感也隨之增加，我速度越來越慢、心裡越來越擔心，甚至慢到猶如行走的速度。此時，一般的市民跑者也從我身旁不斷超越，望著他們我有種自己向後倒退跑的錯覺，心裡還是想著張叔叔的話繼續向前。

路旁的民眾們拿著手冊認出了我，他們吶喊著CHANG，但有時會唸成CHENG。有些跑者會閃避不急擦撞到我，也有人會拍拍我的後背為我打氣，金髮的女孩則回過頭來對我說：「Are you ok?」

賽前，駐丹麥台北辦事處已經連絡當地華僑，站在約十二公里處的國王車站附近為我加油，我希望能跑過她們面前，而不是拿著國旗卻空等無人，我的緩慢考驗著他們的耐心，也考驗著我對於危機處理的能力。我一跛一跛的跑過十二公里處，他們歡呼著、揮舞著，我低頭不讓他們看見我臉上所流露出來的痛苦。

大約跑到十五公里（也可以說走到十五公里），我感覺到我的疼痛處有「啪啪」兩聲，我認為上帝聽到我的呼喊，讓張叔叔的話靈驗了，因為我居然開始感覺不到任何疼痛，而且又可以開始跑了起來！我很疑惑、不解，覺得是一股奇蹟，但左小腿腓腸肌與阿基里斯腱仍感到相當緊繃。

最後，我以1小時54分51秒，第一百〇九名完賽，倒數第一。

進入終點時，曾在賽前詢問過我傷勢的日本隊隊醫，熱情地過來慰問，當時我還處於充滿疑問與懊惱的情緒當中，也無法回答他左腳的狀況如何。

是的，我就是捨棄不下心中的對於世界的愛戀，我忽視自己曾說過的那句話：「沒有堅持，只有放棄。」我背叛自己的理念、催眠自己、欺騙他人，為求填滿心中飢餓野獸的慾望。

我沒有辦法像萬金石馬拉松一樣，跑到兩公里時發覺疼痛就棄賽，因為這世界是我自己想到來的聖地。我到了，一心一意只想完成儀式，我深刻的明瞭會有些疼痛與犧牲，但結果我卻無法預測。

回到飯店，倒進了七大袋的冰塊在浴缸中，身體沉浸於冰冷的水裡，與剛才跑道上華僑們的熱情，感到極度反差。我動動我的雙腳，為自己檢查，發現我的左腳內翻的動作（Inversion）做不出來。

我起身，沖乾淨自己的身體，但靈魂早已出竅、內心已碎落一地。

我拿起手機在張叔叔的Facbook上留言：「God bless me，I am safe. 一切安好，有些地方可能斷了，請屠阿姨把錢準備好。」

第十四章

復健之路

——自己的選擇只能自己承擔

「意志力跟堅持有時候會是一種迷信，該放棄的時候應該就要放棄。」

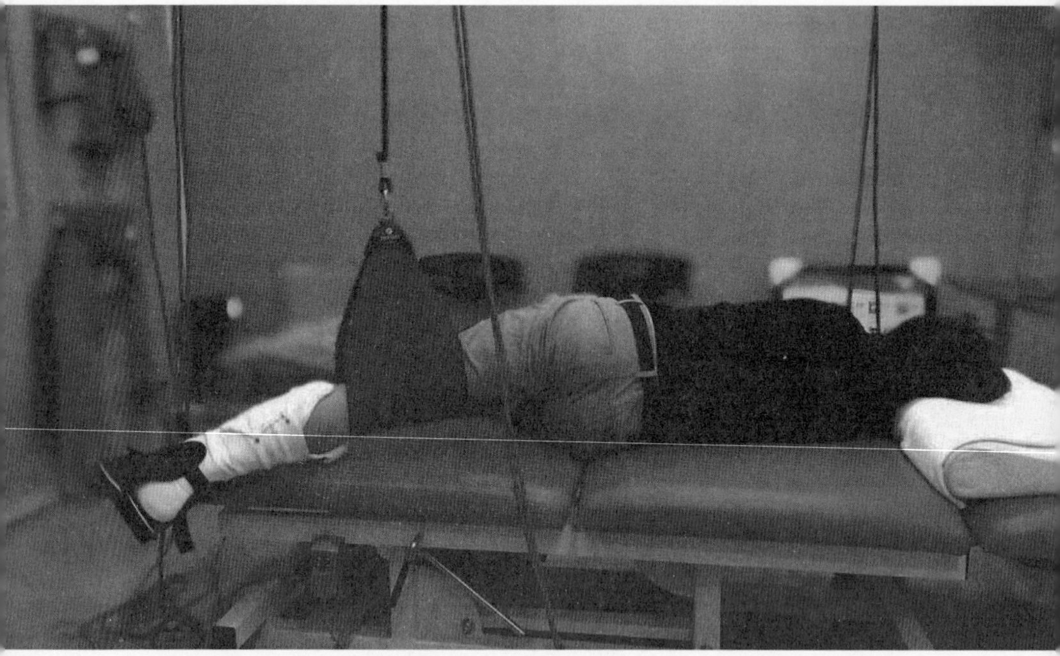

受傷後執行 Redcord 訓練

我把左腿脛後肌肌腱跑斷了。

比賽回台後兩週進手術房開刀。醫生從我左手掌掌長肌裡，拉出一條約三十公分的肌肉，折成四折接回腳肌腱裡。他給我看照片，像是捆肉粽，斷掉的兩端捲曲著，稍微拉回來一點，把手掌肌放在中間，然後用線捆起來。

醫生問我：「還要不要跑？」

我說：「當然，我還要跑。」

醫生便回：「那幫你接粗一點。」沒想到這還是可以選擇的。

醫生說後脛肌接合不是什麼大手術，唯一的問題只有復健會很辛苦，但就算辛苦復健，恢復也只能到80%。儘管接粗了，但也不是不會再斷掉。

後悔去跑了世界半程馬拉松嗎？

得到受傷這個結果的時候，其實我還蠻冷靜的，是我做錯事了。

開刀前的兩個禮拜是段相當足夠的反省時間，當時我就了解到這一切確是自己該去承受，是我下了這個去跑的決定，產生的結果我就該自己去承擔，而我要如何承擔呢？找醫生。

說後悔，我大概只有點後悔把筋接粗了，因為兩條肌腱接在一起後會呈不規則的鋸齒狀，脛後肌在骨頭旁邊，所以動的時候會一直摩擦到骨頭，非常痛。復健就是得把它給磨順，磨到肌肉原本的位子去，這個過程還真因為我的粗肌腱，非常痛。

一開始在復健診所做物理治療，是讓治療師幫我用手做訓練，開完刀組織會沾黏，自己伸展痛了會縮回來，只好靠治療師幫我用手感去試，不斷嘗試那種痛但不會斷掉的痛苦。當時也剛好是暑假，可以動以後我就到游泳池去復健，來回五十公尺走過去、五十公尺又走回來，每天起碼要花上一個小時，痛苦外實在是蠻無聊的，旁邊的小弟弟們還會看著我竊竊私語說：那人怎麼這麼奇怪一直走來走去。啊，可是我都已經走在最外水道啦。

疼痛、無聊，不能跑步，一開完刀甚至連去廁所尿尿都做不到，還得尿在尿壺裡靠我媽幫我處理，對一個奧運國手來說，實在難堪到自尊心受創。好在當時我的復健醫生涂俐雯看診時突然跟我講的一句話很有開導作用，她說：「只要心臟沒有事都還可以跑。」我想想，也對啊，郭泓志手肘就開了五次，謝千鶴腳也開了四次，我不過才開一次而已。現在科技非常發達，這對醫學來說根本是一場微不足道的小手術，一切應該都是看我願不願意好好復健而已。

復健，只能自己去做，沒有任何人能陪著。當時知道自己還是想要試看看，想要繼續跑步，所以儘管只有80％的復原率，我還是覺得再痛、再苦悶、再煩躁，但還是要繼續。畢竟運動員不就在挑戰嗎？

我們都覺得所謂的挑戰是挑戰大自然、挑戰馬拉松、挑戰終點，可是現在當身體發生一個現象，為什麼不也把它當作挑戰呢？我認為挑戰受傷的自己，也是一個挑戰，應該要維持一個運動員的態度去做這件事情，維持我作為一個運動員的初衷，就乾脆試試看能復健、又能再跑到什麼樣程度吧！

復健的漫長過程我也想通一件事：意志力是不夠的。

回想四年前我因為過度訓練的疲勞，造成左腿脛後肌肌腱完全斷裂，沒有辦法做腳掌內旋的動作，連走路也一跛一跛，最終進手術房，用左手掌長肌做了移植手術，所以現在我的「手」隨時都放在我的腳上。

說沒有打擊是騙人的，但我深切地了解到：這是我自己要去承受的，因為我下了這個決定。

明明在香川丸龜就已經發生腳步異樣，我仍然堅持為了夢想的聖地拼著去參加丹麥的世界半程馬拉松。我當時就該很果決的放棄這場比賽，而不是覺得「世界半程馬拉松！我還要再去跑一次，靠意志力我可以的！」把意志力變成迷信去跑就會得到腳筋斷掉這種結果。

一般來說，長跑選手脛後肌使用比較頻繁，的確會拉扯，但通常受傷會是蹬腿常要用到的阿基里斯腱而不是脛後肌腱。可是我卻出乎人意料的斷了這條，連醫生看到都很驚訝。因為這條肌腱受傷時會非常痛，甚至會痛到不能跑才對，可是我卻一直跑一直跑，痛就用意志力去忍耐，跟自己說跑過去就對了，然後把它跑斷了。

我發現意志力跟堅持有時候會是一種迷信，該放棄的時候應該就要放棄，任何東西都應該要適當，過分了就變成迷信。要堅持可以在能選擇放棄的時候，就要放棄才是對的。雖然常聽到身邊很多人說：「你就應該把它跑完啊、你要有意志力，跑下去！」但是，還沒撐過去腳筋就斷了，又有什麼意義呢？

意志力的確是有效存在大腦前額葉，但它的能量跟肌肉肝醣能量是一樣的，有能力，但也會是浩劫，不能全然依賴意志力。若成功是個圓的話，意志力就只是個點，還要做許多其他事情才可以讓它構成一個完整的圓。就像訓練，要運動科學、生理學、營養、肌肉學都要去讀，要去做訓練，再加上意志力才有用。

當時的我已經受傷了，卻還在用意志力硬撐，然後把腳跑斷。這就表示用意志力去解決，這樣的決定是錯誤的。我當時應該要去做治療，而不是撐過一場比賽。太迷信於意志力，讓我看不清現實，跑上後悔也沒有用的漫漫復健長路。

但不管是我，還是有許多跑者到現在也都還是相當迷信意志力。有時可能報了很多場馬拉松，跑到一半的時候，他真的累了不舒服了，想要休息，但旁邊的人就會跟他說：「要跑，跑完啊，你要有意志力！」所以他就像我一樣繼續跑，但是還沒撐過去，腳筋就斷了，這時，意志力又有什麼用呢？

經過這場浩劫，我覺得現在多了這一點的判斷能力，我想也算是成熟了一點吧，跑步的道行又往上升一點。

復健的過程同時也是很多知識跟技術的學習，受傷的時間就是讀書的時間。

經過四週的完全休養，手術的傷口與感染都癒合，但相對的，身體的脂肪也堆積在我的肚子上，當時無法正常走路的我，連走進泳池都萬分困難，但心中還想要繼續奔跑，心想著還有許多經典賽事未參加，還能明顯感覺到這個夢想在我心中的熱度。

長跑運動員最重視有氧耐力，但我的雙腳無法使用如何做有氧訓練？所以我先開始上半身的肌耐力訓練，利用重量訓練、阻力訓練，除了重建肌力，也可提升因為手術休養期間退化的心肺耐力，現今最流行的TABATA，便是利用循環間歇的肌力訓練。重量訓練除了值與量的調配，想要利用阻力達到有效提升有氧能力，這時就必須搭配「心率」。

所謂的心率就是心跳次數，通常以分鐘為單位，最簡單的方式就是在訓練結束是立刻測量脈搏跳動次數，但這樣的手動測量多少都有誤差，因為當你運動停止，心跳也會慢慢降低。所以我都佩戴能及時測量與顯示心率的心率量測手錶，在運動中就可以隨時監測自我，心率太高就應該停止，心率太低就要鞭策自我。我了解到，如果需要再度的回到賽場上，就必須「更準確」的訓練，而不是只用意志力訓練，無端破壞自己身體，往往導致嚴重運動傷害。

手術後八週，我進入泳池做水中跑步訓練，利用水的浮力減經我身體重量，減輕開刀後左腳的負擔，我也嘗試過無重力跑步機，但在經濟能力的限制下，我還是選擇門票只要一百塊的水中跑步訓練。水中走路或跑步，主要是利用水中的阻力來恢復退化肌力與肌耐力，當然，也可以利用水中跑步來從事有氧訓練。訓練同時配戴穿戴式心率裝置，就可以評估在水中的運動效果，而且搭配可即時呈現心率表現與運動心率曲線的APP，每次訓練後都能記錄在手機中，很容易就可以分享給醫師與物理治療師，方便討論之後的訓練計劃。

水中跑步與重量訓練以交叉形式安排，一日水中跑步、一日重量訓練，兩天訓練就會有一天的休息，讓身體能得到完全的修復才能再完成下次的訓練。水中跑步時我讓自己心率維持在最大心跳的60％，鍛鍊我的有氧系統，而重量訓練則是將心率提升超過最大心率80％，在三十秒至四十五秒內盡可能的多次數訓練，所以重量是相當輕的，或是完全不負重，休息時間則是一分鐘，從每動作三組漸進式提升至六組。術後五個月，我可以開始嘗試快走與慢跑，但因為只能每公里七分速，所以心跳率就無法達到60％的強度，期間還是繼續使用交叉式訓練，利用游泳與重量訓練來提升心率與肌力。八個月後，肌力恢復可以跑階梯與上坡衝刺，之後游泳只用於放鬆日的動態恢復。

在個人目前紀錄的最高峰奧運的時候，我是完全對於軟性運動看不上眼的，但這次受傷後，我開始了Redcord、彈力球，還有平衡墊的訓練。以前會覺得跑就是要有肌耐力，就是要硬，要練腹肌、做仰臥起坐、V字，一直顧著各種大肌群，但受傷以後看了各種資料，以及許多前輩好友的推薦，我開始嘗試軟性運動。這才了解，很多力量性運動使用的是大肌群，大肌群累的時候會徵召很多小肌群出來，如果單鍛鍊硬式重量的訓練，小肌群便會很軟弱，一被強力徵召出來便很容易受傷。而過去我不屑的軟式訓練相反地可以訓練到核心，因為要維持穩定反而是在水裡、繩子上，或是彈力球上，小肌群就會出來工作，這時他們就被鍛鍊了。

我依然記得，我大學年代的肌肉解剖學只剛好六十分及格，但現在跑友們問我跑步相關的運動傷害問題我都能回答，甚至看看鞋底我就能猜到對方曾經哪隻腳有過運動傷害，為什麼一位讀書考試都很遜的人，之後能成為跑步達人呢？話說醉過方知酒濃；愛過方知情深；痛過就知道那條肌肉的存在。過去常會有學弟妹受傷就醫，回來後我問醫生怎麼說，是哪條肌肉還是韌帶受傷、程度如何？但總是一問三不知，只比著痛點說醫生說這裡受傷，但路長在嘴巴上，反正掛號費都付了就問清楚一點吧。或許當下不太清楚可以先抄寫下來回家慢慢Google，甚至在做復健同時也可以詢問物理治療師為什麼要做這些治療，平時訓練沒時間收集資訊，受傷了時間變多，學習的時間也就自然增加。

同時，我也嘗試更多新東西，比如說找些以前不會去的土路、古道等天然路面來跑。例如現在一週會去兩天的天母古道，這都是以前不會去的。以前覺得跑步就是「跑」，這種既不陡平緩的小碎石路沒什麼好去，柏油路跟跑道更好跑。但現在知道天然路面吸震效果比較好，不規則的路面踩下去時需要很多腳踝的力量，這時小肌群就跑出來，臀中肌也被啟動了。

在小碎石或是土路上必須要追求穩定，這時許多幫助穩定的肌群就會被徵召出來，許多日本的研究也說，這種碎石頭路對長跑選手常被拉長的腓骨長肌很有幫助，這樣因為腓骨長肌拉長，往外拉的髖關節和隨之產生的下肢運動傷害也就變少。

過去比較少看這些研究，但受傷之後增加了不少這方面的知識，還有營養學研究也是。以前就會吃BCAA（支鏈胺基酸），但現在還會吃比較少人聽過的左旋麩醯胺酸(L-Glutamine)，它對肌肉修復、韌帶修復、腸胃系統都很有幫助。因為長期訓練容易常疲勞造成免疫力下降跟感冒，一般來說常用在癌症治療患者身上減少副作用的這個東西，也非常適合我們做補充。

很多人都會覺得運動員受傷之後就什麼都不是了，不相信受傷後的運動員可以像以前一樣好，甚至比以前更好。但是在腳筋斷掉以前，我也受過很多傷，所以我更了解受傷的時候會多出很多時間可以停下來做反省。許多在身體最高峰時候不會想、不會做的事，在暫停下來的時候，就會想，好像今天也沒事去嘗試一下，反而學到更多不一樣的事情。

傷後一年我參加台北市五千公尺測驗賽，成績是16分27秒，當時氣喘如牛。心想練了快一年，以前用五千公尺16分20秒可以連跑八個，想起來令人氣餒，但回顧我的心率紀錄，發現我的心率與配速都有正向線性的進步！

一年八個月後，我以每五公里17分29秒跑完防府讀賣馬拉松，一年十個月後，我以每五公里16分20秒跑完香川丸龜半程馬拉松。二〇一六年四月十七日正式手術後滿兩年，我在日本長野奧林匹克紀念馬拉松，以每五公里16分30秒的速度挑戰二〇一六里約奧運馬拉松標準，或許只有10％機會，但這兩年的經歷，就如每次運動結束後看到的心率圖般，曲曲折折卻也因為每次心跳的奮力跳動，而繼續記錄，繼續向前。關於跑步這個夢想，我想到柯P說的：「夢想，出發就對了。」

第十五章

不只是跑者

——把夢想跑得更遠

「運動員，本來就應該硬起來，因為你／妳就是運動產業裡的一份子！」

透過演講宣傳理念

每個運動員一定都有受傷經驗，就算是市民跑者也有，運動傷害後在心理上的最先是憤怒、憂鬱，覺得不能跑步、不能打球完蛋了，那我還能做什麼呢？我只能說：「人生要做的事情可多了！」LoveShoes.TW 公益計畫就是其中之一。

常去田徑場看跑步就會知道，許多跑者的經濟狀況並不好，很多跑壞了、磨爛了的鞋子都還繼續穿，穿著爛鞋跑導致受傷，傷後只好花錢復健，復健花光錢更沒錢買鞋，傷好了但還是穿上破鞋跑，然後又受傷了，像是一個無限循環。所以大學時候我就很想做 LoveShoes.TW 公益計畫：向經濟能力比較好的業餘跑者募徵已經不需要的跑鞋，再把它整理修復過，轉贈給需要的跑者。

只是大學時我的能力與名氣還不夠，想歸想可是沒辦法執行，但是在復健的這段時間就不一樣了，經過了這麼多場國際賽事，我開始有了一些支持者，也比較有人願意相信我，把他們多餘的跑鞋交給我轉贈給需要的人，於是我開始了「LoveShoes.TW 公益計畫」。

許多跑團的朋友跟善心民眾開始將他們不常穿的跑鞋拍照轉寄給我，我篩選收進來以後，自己清洗，一天洗個兩雙，一週洗兩天或更多，整理好了以後再交給全台當教練的好朋友們，請他們分配給需要的跑者。

跑步是一件很便宜的事情，跟NBA許多選手是街頭籃球打出來的一樣，只要一顆球就可以打進NBA，只要一雙鞋也就可以跑出奧運國手。所以許多家境不好的孩子會進田徑隊，有營養金又可以吃的好一點，訓練的時候還可以拿到衣服鞋子。

十個練長跑九個都是窮的，人家說運動要公平，但其實運動的起跑點本身就是不公平的，我也想過想去打高爾夫球，但曾雅妮家賣掉了三棟房子才養出曾雅妮，又有幾個人家裡可以賣掉三棟房子呢？所以「LoveShoes.TW跑鞋轉贈計畫」就是希望用最簡單的方式從最基本的地方幫助所有想跑步、想跑好的跑者。有一雙跑鞋，就可以跑向世界。

二〇一六年我的朋友創立了「台灣體育推廣協會」，在協會的支援下，LoveShoes.TW計畫擴展的更大，不只可以收鞋，若想要捐款也可以透過協會清楚的營運轉贈給需要的選手。許多不只想要捐跑鞋，想捐籃球鞋、拳擊運動需要的跑鞋的，也都可以轉交給協會，LoveShoes.TW不再因為我受制於長跑運動，而是將這份心，分到更廣大的世界角落。

除了LoveShoes.TW，二〇一四年我還重啟了受傷前跟滿腔熱血的黃總裁計畫已久的TOSH（Taiwan's Overseas Sports Helper）交流平台，用一顆熱血的心幫助想要出國但卻因為語言對行程、走出去感到害怕的選手，透過這個平台，我們無償幫助選手研究賽事、行程，揪團出國比賽去。

為什麼許多運動員害怕出去？主要就是因為語言，其實帶他們出去過以後，他們就不會害怕，TOSH交流平台就是在做這件事。例如我有個學弟第一、二次出國非常害怕，但到第三次的時候，就可以自己一個人帶十幾二十個人出去了。坐電車、買票、吃吉野家，哪一個不是用比的不能解決呢？也有人出去以後發現對語言很有興趣，自行再去進修，像是老鄧（鄧新詮）考到了日文N3檢定，也是開了一條新路。

LoveShoes.TW幫助了想要跑步但沒有資源的跑者、TOSH幫助了想要比賽但是不敢出國的選手。那什麼能幫助想要被更多人認識、更多人喜愛的跑步？我覺得只有運動文化才做得到。

我認為文化就是一群人的歷史，歷史存在並被記錄下來，才成為了文化，有了文化存在便能形成力量。競技跑步運動對我來說，在過去是沒有文化的，許多前輩教我們要謙虛、要低調，但是究竟要低調什麼卻總也沒有教個明白，我們低調成了沒有人認識的長跑選手，網路上想要查個歷史比賽紀錄就只有一堆堆、一條條數字跟文字。YouTube上那些高點閱率、痛苦跑到跌倒，再站起來繼續跑的外國選手比賽畫面，明明就每天都在田徑場上發生，但卻沒有人知道台灣也不勝枚舉。

因此，我希望把競技運動員文化擴展到全部民眾。大家沒辦法支持台灣運動員是因為不了解，不是不支持，是因為一般民眾根本不了解運動員表現、狀況或是文化，所以他們不知道要怎麼支持。因此，我希望運動可以成為一個可以輕易被搜尋、被看見、被了解的文化。

例如長跑運動，長跑的傳統是參加全國運動會、全國大專院運動會、全國中等學校運動會，成為國手以後就以奧運、亞運、世錦賽為目標。但這些比賽是大眾比較少知道的，比較少知道就比較沒有人去看、沒人關心，場上也不會有支持群眾，網路上更少有討論。但其實運動員也是需要觀眾的，沒人看的比賽就只是跑，跑完拿了獎金就可以回家，對於賽事是沒有感情的，沒有感情也就不會有動力把這場比賽深刻的記在腦海裡，更也沒有動力將這場比賽視為特殊的紀錄，想推得更遠、創造更好的佳績。

二〇一六下半年我成立了「真男人文創商行」，希望透過各種方式讓大家更認識長跑文化。

文化起跑，首先，我辦了攝影展。

安迪．沃荷（Andy Warhol）曾說過：「在未來，每個人都能成名十五分鐘。」在二〇一〇年我說過：「人人都有一分鐘。」為什麼總是會有運動員觀眾群太少的問題？為什麼總是會有人說，政府、企業總是在得牌後才錦上添花？在處處是網紅、人人可直播拍賣的年代，不論是正妹、刺青、嚼檳榔，還是裝萌、賣傻、趕羚羊，都能玩分享三千人送紅包？為什麼台灣的運動員還會被說沒有前（錢）途呢？為什麼運動員還被認為是弱勢呢？

我認為，因為我們還活在過去。

運動員，你／妳每天玩手機，觀察過國外選手如何經營自己的IG嗎？

運動員，你／妳真的願意將「運動員」視為一份職業嗎？

運動員，你／妳的智慧型手機每兩年換一次，但大腦更新了嗎？

運動員，你／妳活在安迪．沃荷所說的未來的現在嗎？

運動員，不要再怪爸媽不支持、不要再把責任推給政府、不要再只期望企業贊助卻什麼都不用回饋。運動員，本來就應該硬起來，因為你／妳就是運動產業裡的一份子！

二〇一七年四月一日，是我開始跑步的第二十週年，從穿著籃球褲開始跑到奧運，從奧運跑到斷腳筋，斷腳筋後開創LoveShoes.TW，二〇一七年春節自費帶著台灣大學生們勇闖當初受傷之地：香川丸龜半程馬拉松，同行夥伴們也順利的完成達標世大運的夢想。

這次透過「真男人文創商行」與「1881+ Coffee Shop」合作，開辦香川丸龜微型展覽，將我二十年來的跑步行動藝術濃縮發揮在香川丸龜半馬爆發，也藉由此次展覽開始開創跑步運動文化的夢想。

「真男人文創商行」從攝影展開始，紀錄我以外的跑者英勇的照片和影片，同時也開發運動文創，例如『莫忘初衷』咖啡，馬拉松口味的咖啡，讓馬拉松不只是用跑的、用看的、用身體經驗的、聽人家講過的，還可用喝的。咖啡跟運動是正相關，可以幫助達到更好的運動成績，這是研究結果，但台灣多少文青咖啡店，又多少運動咖啡店？

沒有人做的，我做。沒有人跑過的路我跑，我相信，路跑出來就有了，跑過去就有人跟隨。

許多人問我為什麼要無償幫助沒有球鞋的跑者、無利潤帶領沒有能力出國的選手，又不是學校老師了，何必還要回到學校去訓練學弟妹？

也許對很多人來說，這叫做沒有效果、浪費時間，但對我來說，他們越好對我幫助越大。

儘管我不是老師，但當我訓練他們，讓學弟妹變強，可以跟我一起練習的人也就變多。他們變強可以帶著我一起變得更強，不然每次練跑都是我得一直擋風不是很累？他們變強可以幫我擋風，我便有機會被拉快、成績變好，我覺得這是互利的事，不只是我在幫助他們，他們也在幫助我。同樣地，他們變強了，大家也會覺得是張嘉哲很會教，這樣我的形象更變好了，怎麼說還是我加分啊。

跑步就是我的興趣，跟迪士尼動畫家華德·狄斯耐一樣，原本只是畫喜歡的老鼠，但不知不覺畫出了迪士尼。而我不過也就是喜歡跑步，跑著跑著也跑進奧運。在我以前，很多人說跑步怎麼可能可以當飯吃？跑步怎麼可能可以當工作，但是，我把跑步當成我的工作了。

人的習慣就是看到才相信，如果不做出第一個，這世界上沒有人會相信這件事可以成功。可是因為我已經看過了很多人在做，所以我相信，只是在台灣沒有人做，不代表沒有，不代表跑步不可能當飯吃。

也許有很多人會說張嘉哲越來越商業了，但對我來說，沒錯，我就是商業，因為跑步是我的職業，所以我必須得把它做成商業，把自己餵飽。

做一個運動員基本上訓練時間都是排定的，成立「真男人文創商行」說沒有犧牲是不可能，它的確犧牲到了我的休息時間，會消耗腦力，精神上也比較疲勞。但為什麼讀書跟跑步沒有衝突，做生意跟跑步就有衝突？

老實說，我覺得讀研究所的時候，比現在還要累多。那時候我都可以去奧運，為什麼現在我不能把兩者做好呢？我覺得都是「觀念」，觀念認為讀書跟跑步沒有衝突，但認為做生意跟跑步有所衝突，那跑步跟談戀愛有衝突嗎？運動選手結婚後成績就會下降嗎？為什麼有人結婚後成績大幅提升，卻有人不過談了一場戀愛就從賽場上消失？就是你時間沒有安排好。

運動員沒有自己把時間安排好，才是事情的癥結點。台灣人常說運動員不要太商業化，運動員要有運動員的樣子。但什麼才是運動員的樣子？我認為要像貝克漢又帥又有錢，老婆還漂亮，家庭美滿，代言接不完，這就是運動員的樣子。在把衣服穿少一點、妝畫漂亮一點、去跑個後山，就可以當網紅的現在，為什麼父母要培養支持一個孩子成為國手，我認為就是應該要讓運動成為一種美好的未來，可以創造吸引人的文化，製造收益的廣大商機，一個前景、美景，不然沒有人會想要揮汗加入。

當美景不在，我們就當開創者，路開出來別人就會跟上去。人的觀念是很好改變的，去奧運前別人說我很固執，只知道跑步，研究所讀完就該趕快考個教職缺，但是跑到奧運，大家就說我很堅持。人的印象就是這麼容易改變的。你只要做到就會改變了，要跟隨自己的心，做到大家自然覺得你是成功的。

競技就是在零和遊戲中去成長，勝利高興三分鐘就好，失敗難過一分鐘即可。人生的路途還是要繼續挑戰。

脛後肌肌腱手術後滿兩年，我再度回到賽場，是件幸福的事。復健和訓練很辛苦，但還有夢想，競技這條路永不止息！

第十六章

重返賽道

——先求帥，再求快

「因為了解所以懂得珍惜，珍惜一再挑戰的自己，也珍惜可以繼續創造成績的當下。」

創立自己的潮流品牌

二〇一八年邁入第二十一年『先求帥，再求快』的真男人張嘉哲生涯。今年我擔任起澳洲黃金海岸馬拉松台灣區代言人，並代表森林跑站參加二〇一八年東京馬拉松與去日本移地訓練。若說二〇一七是傷後恢復並休息的一年，二〇一八年則將是我重新站上舞台大放異彩的一年。

這份異彩也不同於過去的張嘉哲，在國手、老闆、教練的多重身份下，今年的我已經找到最舒適的位置，準備好安放自己備戰已久的心。真男人文創商行營運到今年已開始有穩定的運作模式，並擁有長期贊助栽培的選手鄧新詮，他在二〇一六年於上尾半程馬拉松跑出1小時07分58秒的個人最佳紀錄，同時也寫下二〇一六年國內男子半馬最佳成績，可以說是近期新生代男子長跑好手中，備受矚目的新星之一，二〇一七年他也成功進入世大運，更即將在二〇一八年與我共同前往日本移地訓練準備跑出更驚人的成績。

身為老闆兼董事長，除了計畫將真男人文創商行往運動員經紀的道路上邁進，我也同時與各類文創商品結合推出屬於馬拉松的特殊味道，例如莫忘初衷咖啡、真男人磁石手環、先求帥再求快紙膠帶等等，還有TrulyMan冬季毛帽，將跑步與生活做結合、將跑步從只應該發生在運動場的既定印象裡給帶出來。

許多人都不知道其實咖啡已經經過研究證實可以幫助運動表現，不同於台灣咖啡店的文青風，在日本已有許多咖啡店將運動與咖啡做連結，在店裡展示各種運動雜誌、活動資訊與紀錄。「Truly Man 莫忘初衷咖啡」便是從馬拉松的味道出發，跑步可以看見速度、聽見呼吸、聞到空氣還有身體的氣味，眼耳鼻都有，但能怎麼沒有舌呢，所以我研發莫忘初衷咖啡，從味覺感受馬拉松的味道。而磁石手環、營養品、毛帽這些也都是我個人身為跑者常需要用到的配件，因此透過商業的方式結合自己的需求，我個人推薦以外，張叔叔也是愛用者。

身為前奧運國手，二〇二〇年能不能再成功達標參加奧運，說沒有期待是不可能，但我更認為這是可遇不可求。奧運的里程碑已經產生不一樣的轉變，過去奧運是夢想，不論如何都希望可以一覽的風景，但是到現在2小時18分的目標不是要突破個人的比賽成績，而是要突破運動傷害的見證。

脛後肌斷裂至今已經三年，儘管認真復健並配合各種科學方法，在疲憊的時候仍舊會感覺到它的存在，因此像是打掉重練，從跑步姿勢到配速我都得再三考慮研究找出與傷勢共存的跑法。到底有沒有恢復，從APP心率紀錄回顧來看，可以發現心率與配速都有正向線性的進步，可是究竟能不能回到頂峰？

我知道只有奧運能夠證明，這股慾望驅使著我，邁向二〇二〇年奧運。同時，走到今天，我也知道其實做不做前往奧運這件事，對過日子來說也沒什麼區別。沒有奧運，每天依舊訓練，但是參加奧運中間會有的過程吸引著我，不知道會發生什麼事、不能想像的突破在呼喚著傷後復出的張嘉哲。

過去我曾經是休閒跑者，因為有興趣所以成為了競技運動員，但我也了解終有一天我會回到休閒跑者的身份。體能是有頂峰的，競技運動員的生涯終有結束的時候，因為了解所以懂得珍惜，珍惜一再挑戰的自己，也珍惜可以繼續創造成績的當下。跑步是我的興趣，因為喜歡跑，所以才跑。所以儘管終有一天會回到休閒跑者，但我會與和諧長跑俱樂部的長輩一樣，在賽道上持續充滿熱情。

跑步讓我認識非常多精彩的好人，例如黃總裁，原本比賽時碰到的她，七年後為了想要參加日體大，請她幫忙，她便幫忙寫信牽線，成就了現在的「TOSH」，要是沒有那封信，很多精彩的回憶便不會發生。

北市大剛搬去天母的時候，許多居民是反對的，認為會帶來髒亂跟吵鬧，但在北市大中長跑後援會開始在網路上介紹分享我們的訓練情況後，許多天母喜歡跑步的朋友看見，開始和我們一起跑，對我們的觀感也變好，甚至端午、中秋節還會送我們肉粽月餅，甚至知道我們去移地訓練還包五千塊的紅包給我們加菜。

還有一路陪伴著我長大的和諧長跑俱樂部長輩，張叔叔、屠阿姨、我的哥哥姊姊和我的太太，因為這些支持讓我知道跑步儘管孤獨，並不孤單！

透過一場又一場的比賽，我的生命在每個當下都在綻放，每一刻也都比上一刻更加精彩，重點從來就不是跑完以後，「跑在路上」才是真男人！

第十七章

從東京馬跑向下一個頂峰

——2020，我正在路上

「誰說我三十五歲？體重機說我十九歲，我的心智年齡可是十四歲！」

設樂悠太跟我合照後就破日本紀錄了

「勵志過《陸王》茂木的台灣真男人張嘉哲！」跑完東京馬拉松後媒體報導這樣寫道。由森林跑站贊助的東京馬拉松其實不是我預期中會跑的比賽，原本以為六大馬應該是先闖出一片江山，然後在四十幾歲有錢有閒再去收集的項目，但衝著董娘一句話：「東馬台灣人關注度很高。」燃起了我的老闆魂，真男人張嘉哲跑上了這趟轉捩旅程。

很奇怪2:19:59跟220就是不一樣，回來後從過去的非主流媒體到主流媒體都有報導我跑進220這件事情，不外乎一再強調我是全台第一位九度跑進220的選手，讓我都忍不住在想會不會如果只跑220便不會有這麼多報導，但相對的因為這個2:19:59許多原本不認識我的人，因此知道了我的名字，商行的生意也變好，阿姆斯壯踏上月球是他的一小步、人類的一大步，東京馬拉松是張嘉哲的一場比賽，卻也成了推廣跑步文化的一場勝戰。

對於再戰奧運，我在東馬前我便有著不大不小的準備與期待，認為自己能跑到很好，但是也不強求，而經過東馬更多人問我要不要跑奧運了。在這之前我都回答：「二〇一八年我跑進220再說吧。」現在真的跑進來，那奧運呢？我的回答還是：「一半一半。」因為過去進入奧運時已經有跑出過215的巔峰成績，當時的緊張只是有沒有辦法在時效內達標取得參賽資格，可是現在的我知道自己是實力還沒有到，兩者的緊張與壓力是全然不同的。

而這個緊張感在比賽的過程裡也影響著我，東京馬比賽前我就感覺到自己腹側疼痛，這在過去也發生過，二〇一二年奧運前我甚至開始嘴破，破了個大洞，怎麼吃B群、擦藥都不會好，但比完賽就好了。所以這次在賽前兩週訓練時開始發生的側腹痛，我就知道不是我訓練不充足造成，而是內心緊張害怕，怕重演長野馬拉松的失常。所以比賽過程中我一直將精神集中在保持腹式呼吸，讓自己的緊張情緒降低，雖然到最後還是有些微痛感，但算是安然渡過難關。

心理影響生理是許多運動員都會發生的情況，在過去我會非常緊張然後讓疼痛蔓延發作，可是因為年齡累積的經驗，現在的我了解到可以依賴自我調整解決，所以許多人問我：「張嘉哲以三十五歲的高齡跑有什麼感覺？」我可以很大聲的說：「體重計顯示我只有十九歲！」年齡是長了經驗，但我的身體可沒老，我的心智也還維持在十四歲，是一個屁孩呢！

當然，若要說年齡完全沒有影響是騙人的，我清楚地知道現在肌肉損傷的恢復速度已經不如從前，以前睡一覺起來又是一尾活龍，現在比賽完大睡三天我依然覺得疲憊，腳會痛、全身肌肉都會痛，過去215的吃力，現在219就已經感覺，這樣的我到底能不能再重現二十六歲時的輝煌紀錄呢？以前的我也許不能回答，但現在我可以說，我正在前進，靠著精準的訓練與自我了解，我知道年底或是明年初218就在眼前，至於奧運，一半一半，我會繼續告訴自己放輕鬆一點，不要把這件事看成最重要的事。但同時，我相信放輕鬆，就會有機會。

對於未來，我依舊認為就是盡量去做！盡自己最大努力，不後悔的最好方式就是盡最大努力，不管成功或失敗。如果以後回頭看不會後悔，就夠了。我不怕進不了奧運，我只怕沒達標時責備自己，悔恨當初怎麼這個沒做、那個沒做，後悔才是最恐怖的事情，如果沒達標但再活一次也沒辦法做得更好，那就夠了。活著就是心安理得，每一步扎實的跑下去。

我，張嘉哲，繼續朝我的目標和夢想前進中。

番外篇

有練就有，嘸練就嘸！

——張叔叔談張嘉哲

喝著最愛的啤酒的張叔叔

「嘉哲他就是比較認真啦！」張叔叔說。

嘉哲常戲稱他張叔叔的張爸爸，是嘉哲的教練，也是最注視著他的人。從嘉哲國二開始張叔叔就領著他跟哥哥一起征戰全台大小比賽。「我們家三頭牛，每次出去都一定有獎盃拿回來。」張叔叔、張哥哥跟嘉哲都是當年少數受牛頭牌鞋贊助的跑者，每次比賽有完賽獎盃、分組第一、第二，或是積分獎盃等等，三個人累積的獎盃、獎狀、獎牌，張叔叔說：「可以放一整間屋子。」

但其實比賽不是為了結果，張叔叔說國二的嘉哲非常叛逆：「跟我們都沒有交集，和他媽媽講話都是用斜眼看。因此他跟我們說要跑步，哇，我真是嚇了一跳。」跑步原本是張叔叔跟嘉哲的哥哥常在週末一起去進行的活動，張叔叔對當時只喜歡棒球跟籃球，又叛逆的嘉哲，一點都不抱有任何期待。「我就想，那就來跑吧，跑興趣，可以跟我在一起，不要那麼叛逆就好。」於是，國二嘉哲不再去升學補習班，開始跟張叔叔南征北討的跑者人生。

因為跑步，嘉哲慢慢跟張叔叔有了共同的話題，而張叔叔也發現這個孩子比他想像的更加有耐力，更適合訓練栽培。「我給他什麼菜單，他只有加沒有減的。」當張叔叔說跑二十五公里，嘉哲會跑到三十，當張叔叔說今天操場十五圈，嘉哲總還會跑到身體能承受的最大值。「他從來不會頂嘴。」張叔叔說。年輕的張叔叔可跟現在不一樣，現在嘉哲敢開他玩笑，敢把兩人趣事寫到網路上，但過去張叔叔一吼，家裡可是風聲鶴唳。「我以前都是罵三字經的，嘉哲以前很挑嘴，飯不吃完我就要他到神祖牌下跪著，吃完才可以站起來。」但強棍底下出英雄，嘉哲也不甘示弱的想出了各種應對的方法，將剩菜藏在陽台排水孔裡、跳開突然砸過來的茶壺……也好在張叔叔早上要晨跑夜晚睡得早，最多罰跪到十點，全家也就關燈上床睡覺。

「我們一年三百六十五天都出去跑的，不論颱風下雨還是過年。」因為早上六點就要起來從永和到公館跑個十幾公里再回來，張家除了奉行每天早睡以外，也犧牲了許多的休閒生活。「我兩個兒子都沒有去過畢業旅行。」而叛逆的青春期，也跑著跑著就過去了，嘉哲直到結婚前都住在家裡，張叔叔說：「連他什麼時候大便我都知道。」

張叔叔說教練跟選手一起生活是最好的，像是他隨時掌握著嘉哲的生活節奏、身體狀態，這樣開的訓練菜單最適合選手，可以依狀態做調整，不會勉強選手，也不會過於放鬆沒有跟上進度，但雖說是教練，張叔叔說：「我是『叫練』啦。」自嘲沒有專業經驗的自己，張叔叔說他的跑法比較土法煉鋼，就是「跑」、不斷的

「跑」，比起現在講求科學看數據看心率，張叔叔也坦承自己有跟不上時代的地方，但是對於怎麼「叫」選手練習，他可是有歷久彌新的張叔叔勸勉術。「我比較會心理戰啦，成績不怎麼樣我都還是會跟他們說『今天跑得不錯喔』，比賽也會說『今天有盡力，盡力不錯喔。』」「我不敢講自己是好教練，但我是好家長。我真的是『叫』練，叫他們練習、叫他們發揮學習，我則負責拿錢付帳。」

也因為是家長，每一次比賽張叔叔都比教練更加緊張：「每次他要去比賽我都很緊張，看他回來才放鬆。我很怕他不安全、爆掉，身體受傷，像我這樣跑到心肌梗塞。我們家長就是擔心啦。」在多數教練追求選手成績的環境裡，張叔叔在意的是嘉哲的成長。「其實我不喜歡他們什麼成績，就是喜歡他們成長，成長一定有成績，但只要過程很好我就高興了。」

談到嘉哲現在經營的「真男人文創商行」，張叔叔既驕傲又難掩為父的擔憂：「我從來就是希望他跑興趣，沒有希望他當飯吃或是當國手，讀大學讀完了就好。到奧運之後我都還是有叫他趕快去找工作，畢竟奧運回來其實也沒有用，還好嘉哲比較聰明轉念用文創吃飯。」

「會希望他再跑進二〇二〇奧運，但是覺得他沒什麼機會，畢竟他年紀大、腳又斷，希望有但更希望他不要有壓力啦。盡量就好，不要太拼，就怕他太拼腳又受傷。」

比起奧運，張叔叔其實更希望嘉哲做比較沒有風險的教學工作，以他的專業跟多年在技術上鑽研的技術與運動知識教給下一代選手。

作為父母，孩子平安快樂才是最大的心願，不論有沒有奧運，嘉哲永遠都還是張叔叔那個過去這一、二十年一樣需要有人在路上送水的跑步的孩子。成績、紀錄都不重要，他只希望：「嘉哲繼續發揮、愛選手，不要跑到腦袋壞掉、腳壞掉了。」

附錄　FOR 2018 東京馬拉松！——十七週訓練菜單

週	Mon	Tue	Wed	Thu	Fri	Sat	Sun
1	6km jog +100m x4ST	400m x8 P72" / r200m jog 90"	REST	6km jog +100m x4ST	10km jog +100m x4ST	10km jog or REST	15km LSD
2	10km jog +100m x5ST	400m x10 P72" / r200m jog 90"	10km jog or REST	10km jog +100m x5ST	10km jog +100m x5ST	10km jog or REST	25km LSD
3	10km jog +100m x5ST	1200m x4 P76" / r200m jog 2'30"	20km jog	水中跑步機 40' jog	12km P4'20~4'00" 天母古道	10km jog or REST	20km MP+30"~20"
4	水中跑步機 50' jog	1000m x5 P74" / r200m jog 2'	12km jog	12km P4'20"~4'00" 天母古道	3000m P76" +1000m P72" / R4' jog	10km jog	25km MP+30"~20"
5	水中跑步機 50' jog	1200m x5 P78" / r200m jog 2'	12km jog	12km MP	15km jog +100m x5ST	10km jog	30km MP+40"~20"
6	水中跑步機 50' jog	1600m x5 P78" / r400m 2'30"	16km jog	14km MP	12km jog +100m x5ST	10km jog	20km MP+30"~20"
7	水中跑步機 50' jog	400m x20 P72" / r100m 45"	15km jog	12km P4'20"~4'00" 天母古道	1000m x6 p74" / r200m jog 80"	10km jog	35km MP+40"~30"
8	水中跑步機 50' jog	1600m x6 P76" / r400m 2'30"	12km jog	12km P4'20"~4'00" 天母古道	2000m x3 P76"~74" / r400m jog 3'	10km jog	30km MP+40"~20"
9	10km jog 天母古道	3000m P76" / r400m jog 3'30" +2000m P74" / r200m jog 2'30" +1000m P72"	15km jog	12km P4'20"~4'00" 天母古道	1000m x8 P74"~72" / r200m jog 80"	10km jog	30km MP+40"~20"
10	10km jog 天母古道	400m x20 P72" / r100m 45"	15km jog	12km P4'20"~4'00" 天母古道	6000m P76" / r200m jog 2' +1000m P72"	10km jog	35km MP+40"~20"
11	12km jog +100m x5ST	2000m x5 P76"~74" / r400m jog 2'30"	15km jog	14km MP	12km jog +100m x5ST	10km jog	20km MP+30"~20"

12	10km jog 天母古道	800m x10 P72"~70" / r200m jog 2'	15km jog	12km P4'20"~4'00" 天母古道	3000m P76" / r400m 3'30" +400m x10 P72" / r200m 70"	10km jog	30km MP+40"~20"
14	自覺感冒 REST	400m x15 P72" / r100m 40"	15km jog	16km P4'20"~4'00" 天母古道	3000m P76" / r400m jog 3'30" +2000m P74" / r200m jog 2'30" +1000m P72"	10km jog	30km MP+40"~20"
15	12km jog +100m x5ST	3000m x3 P76"~74" / r600m 3'30"~4:00"	6km jog	12km P4'20"~4'00" 天母古道	2000m x3 P76"~74" / r400m jog 3'	REST	20km MP+30"~20"
16	12km jog +100m x5ST	1600m x5 P76" / r400m 2'30"	12km jog	12km jog +100m x5ST	3000m P76" / r3'30" +400m x5 P72" / r200m 70"	REST	10km MP+15~10"
17	12km jog +100m x5ST	12km jog +100m x5ST	12km jog +2000m P3'15"~10"/ km	REST	6km jog	6km jog +1000m p3'05"	東京馬拉松 2:19:59

* 課表內容是指下午訓練課程，晨跑內容固定為10~12km Free jog，依照身體自覺狀況可改為休息。
** 晨跑為一週3~4次，移地訓練加強期為每週6次，不強調配速，以完跑後身體有輕鬆感為主要目的。
*** 主組要課程以各距離最佳成績換算訓練配速為主，心率監控為輔。

名詞解釋

jog=慢跑	P=Pace 配速 /400m
r=rest 間休時間	R=Rest 組休時間
ST=Seed training	MP=Marathon Pace
REST=完全休息	1RM=最大肌力

重量訓練

週一四：上肢 握推+站立划船 x3組，每組15RM。賽前6~4週改每組6RM。

週二五：下肢 蹲舉、直腿硬舉 or 早安運動、高抬腿拉 x3組，每組15RM。
賽前6~4週改每組6RM。

其他課表

http://milestrials.taiwanathletics.com/article/training

PEOPLE 413

永不放棄的跑者魂：真男人的奧運馬拉松之路

作　者—張嘉哲（口述）、陳禹志＆果明珠（撰寫）
主　編—湯宗勳
特約編輯—果明珠
美術設計—陳恩安
照片提供—張嘉哲
責任企畫—林進韋
發 行 人—趙政岷
出 版 者—時報文化出版企業股份有限公司
108019台北市和平西路三段二四〇號一至七樓
發行專線—（〇二）二三〇六—六八四二
讀者服務專線—〇八〇〇—二三一—七〇五
（〇二）二三〇四—七一〇三
讀者服務傳真—（〇二）二三〇四—六八五八
郵撥—一九三四四七二四時報文化出版公司
信箱—10899台北華江橋郵局第九十九信箱
時報悅讀網—http://www.readingtimes.com.tw
電子郵箱—new@readingtimes.com.tw
法律顧問—理律法律事務所　陳長文律師、李念祖律師
印　刷—勁達印刷有限公司
初版一刷—二〇一八年三月二十三日
初版七刷—二〇二三年四月二十五日
定　價—新台幣三二〇元

時報文化出版公司成立於一九七五年，
並於一九九九年股票上櫃公開發行，於二〇〇八年脫離中時集團非屬旺中，
以「尊重智慧與創意的文化事業」為信念。

永不放棄的跑者魂：真男人的奧運馬拉松之路/
張嘉哲 口述、陳禹志＆果明珠 撰寫.-- 一版. -- 臺北市：
時報文化, 2018.3　面；公分. -- (PEOPLE ; 413)

ISBN 978-957-13-7270-9 (平裝)

1.張嘉哲 2.臺灣傳記 3.馬拉松賽跑

783.3886　　106024207

ISBN 978-957-13-7270-9
Printed in Taiwan